韜奮　原著
蔡登山 主編

韜奮和生活書店

編輯前言

鄒韜奮（1895—1944），原名恩潤，筆名「韜奮」取意「韜光養晦」和「奮鬥」的意思，是傑出的新聞記者、出版家。韜奮對自己的定位是要做一個「永遠立於大眾立場」的新聞記者，他一生都在追求「辦一份為大眾所愛讀、為大眾做喉舌的刊物，辦一個自由的、不受檢查的報紙」。韜奮一生所追求的，無非就是思想的自由與說話的自由。他早在主編《生活》週刊期間，便嚴守著自己的「報格」，堅持言論自由和精神獨立，使《生活》週刊真正成為「民眾的喉舌」。無論受到了怎樣的外界壓力，始終堅持編輯與媒體的獨立性。他說：「我的態度是頭可殺，而我的良心主張，我的言論自由，我的編輯主權，是斷然不受任何方面任何個人所屈服的。」他在《生活》週刊上寫文章說：「所要保全的是本刊在言論上的獨立精神——本刊的生命所靠託的唯一的要素。倘本刊在言論上的獨立精神無法維持，那末生不如死，不如聽其關門大吉，無絲毫保全的價值，在記者亦不再作絲毫的留戀。」

韜奮一九二六年二月擔任《生活》周刊社編輯，一九二七年起主持生活周刊社，該刊發行量激增到每期十五萬五千份，創當年刊物銷量最高記錄。一九三二年創辦生活書店，翌年加入中國民權保障大同盟，當選為執行委員。同年被迫流亡海外。一九三五年八月回國，十一月在上海創辦《大眾生活》，發行量高達三十萬份。一九三六年六月在香港創辦《生活日報》、《生活星期刊》。隨後他回到上海，《生活日報》的增刊《生活星期刊》，也遷到上海出版。同年十一月與救國會領袖沈鈞儒、沙千里、李公樸、史良、王造時和章乃器，在上海被國民黨政府逮捕，即「七君子事件」。直到「七七」事變後獲釋。同年八月在上海創辦《抗戰三日刊》。次年七月將《抗戰三日刊》與《全民》周刊合併，改名《全民抗戰》三日刊。一九四一年皖南事變後，國民黨把五十六家生活書店全部查封停業，韜奮憤然辭去國民參政員職務出走香港。同年五月在港復刊《大眾生活》。一九四二年一月離開日軍已占領的香港，轉赴蘇北。一九四三年因治病又潛回上海，一九四四年七月二十四日病逝於上海，年僅四十九歲。

現在北京東城區美術館東街二十二號有三聯韜奮書店。三聯書店的前身是三四十年代活躍於中國出版界的三家著名出版發行機構——生活書店、讀書出版社、新知書店。生活書店成立於一九三二年七月，創辦人是鄒韜奮、胡愈之、徐伯昕等，前身是創辦於一九二五年的《生活週刊》。讀書出版社成立於一九三六年，創辦人是李公樸、艾思奇、黃洛峰等，前身是一九三四年創刊的《讀書生活》半月刊，一九三七年更名為讀書生活出版社。新知書店成立於一九三五年，創辦人是錢俊瑞、徐雪寒、華應申等，前身是《中國農村》月刊。一九四五年抗日戰爭勝利後，重慶的生活、讀書、新知三店合併。一九四八年十月三家書店全面合併，在香港成立生活•讀書•新知三聯書店總管理處。一九四九年三月，總管理處遷至北京。

本書主要以韜奮的親身回憶為主，書中所收的談他如何創辦《生活》週刊等等刊物，一直到流亡香港等過程。文章分別採自《韜奮和生活書店》、《韜奮先生的流亡生活》及《永在追念中的韜奮先生》三本書的精華，重新打字編排，其中如沈鈞儒、黃炎培等人，都是和韜奮有過長期交往與合作者，讀他們的悼念文章，當更能深知韜奮其人。

序一 鄒韜奮先生事略

沈鈞儒

先生是以筆名聞於世的，原名恩潤，有一個時候名遜庵，韜奮是在十五年主編《生活週刊》以後所用的筆名，學生時代最早向《申報》〈自由談〉投稿，筆名叫谷僧。原籍江西南昌，但先生自己在有關文件上多填江蘇上海，因自小即生活在上海。

先生是養育在大家族裡面的，父親字唐倩。同輩總排行第十四。先生出生之年，大概是辛亥前十七年九月某日。母親浙江海寧查氏，生三男三女，先生居長。不幸母親早逝，其時先生只十三歲。父親做官很清正，家裡一貧如洗，在福州候補時，要領施米貼補一家的生活，其後退休，更是一無儲蓄。所以先生少年就學時代即全靠自己設法，半工半讀，還要照顧兩個弟弟，是非常艱苦的。他在所著《經歷》裡，有很詳細的敘述。父親至今健在，年逾七十，寓居北平，家裡還有許多人；先生在上海時，迄至抗戰起來，最近在重慶這幾年，一直按月不斷匯款接濟家用。

第一個夫人葉女士，婚後不到兩年，以傷寒症去世。現在的夫人沈粹縝女士是在接辦《生活週刊》這個時期結婚的，隨時隨事，協助先生，平時家庭融和快樂，故先生得一心專注於著作。先生一生對經濟、社會、政治、堅苦奮鬥，幾乎恆久是在憂患中過生活，他所引以為自娛的是什麼呢？他說「在那樣靜寂的夜裡，就好像全世界上只有著我們；……我們的精神是和無數萬的讀者聯繫著，又好像我們是夾在無數萬的友叢中工作著」。這真寫出了他在埋頭寫作中，精神和意境之廣闊、偉大、飛揚、深靜，現在讀起來，似尚有萬丈光輝，射入一切寫作者的腦裡，得到心心相印的安慰，這樣，就鼓舞了他一生的努力工作。除此之外，恐怕還要算是他的家庭確給予了他以充分的安適和歡樂。此次病中及疾革時候，沈女士都在身旁。生子二，嘉驊、嘉騮，女一，嘉驪。

以上所說，是先生家庭的大概。

先生的學歷第一個階段，是經過南洋公學的附屬小學、中學、大學電機科二年級。當在中學一年級第二學期，家中經費供給已告斷絕，幸得「優行生」資格，得以免除學費，但是其他的一切費用仍是不夠。父親原來希望他做工程師，經過先生自己種種考慮，改變了計畫，可說是在這時起，便下決心想做新聞記者。於是，改進聖約翰大學的文科。因為經濟關係，在其先，並同時，兼做家庭教師。一九二一年（民國十年）畢業，獲得文學士學位。後來出國，又曾進英國倫敦大學政治經濟學院和大學院研究。

聖約翰畢業後，依先生志願，就要進新聞界，但是事實那裡有這樣便當呢！因生活關係，便遷就地擔任了上海紗布交易所裡的英文祕書。不久，又兼就《申報》館助理答覆英文信件，青年會中學英文教課等事。其後，中華職業教育社請先生擔任編輯部主任，編譯職業教育叢書和月刊，同時兼任職業學校的英文教務主任並兼教授，約七八年之久。民國十五年冬間，參加《生活週刊》工作，十六年辭去職教社教書職務，以整日的時間，擔任時事新報館祕書主任，晚上，還是替職教社編譯，這樣工作，約有一年光景。因《生活週刊》進展的迅速，使先生不能不擺脫一切，開始了和他一生前途有關係的新生活。

《生活週刊》在先生接辦之初，每期出版只二千八百份左右，因先生負責改編，而壁壘為之一新。據先生自己說：「我接辦之後，變換內容，注重短小精悍的評論和有趣味，有價值的材料，對於編製方式的新穎和相片插圖的動目也很注意。」「每期的小言論雖僅僅數百字，卻是我每週最費心血的一篇，每次，必盡我心力就一般讀者所認為最該說幾句話的事情發表我的意見，其次，是信箱裡解答的文字。」「我對於搜集材料，選擇文稿，撰述評論，解答問題，都感到極深刻濃厚的興趣。我的全副精神已和我的工作融為一體了。」又說「也許是由於我的個性的傾向和一般讀者的要求，《生活週刊》漸漸轉變為主持正義的輿論機關，對於黑暗勢力不免要迎頭痛擊」。「《生活週刊》既一天天和社會的現實發生著密切的聯繫，社會的改創到了現階段，又絕不能從個人主義做出發點，如和整個社會的改造脫離關係，而斤斤較量個人的問題，這條路是走不通的。於是，《生活週刊》應看時代的要求，漸漸注意於社會的問題和政治的問題，漸漸由個人出發點而轉到集體的出發點了。」看了上面先生自己所說的幾段話，可以瞭然於當時整個《生活週刊》的作風和它的內容的大概。

《生活週刊》一天天發達，銷路擴至十五萬份以上，既為海內外數十百萬讀者所擁護，中華職教社「深知道這個週刊在社會上確有它的效用，允許它獨立」，由是，《生活週刊》脫離職教社，另組合作社，產生了生活書店。後來，它的業務發展到全國分支店達四十二所，前後出版書籍一千零五十餘種，不能不說是完全由於先生心血和精誠所傾注培養而成功的。至關於它的組織，完全是合作性質，「苦幹十餘年，大家還是靠薪水養家糊口」，這種辦法，亦是由於先生意思所規劃而決定的。

《生活週刊》既「時時立在時代的前線」，不幸而時代的嚴重日益加甚，「九一八」事變爆發，國難臨頭，全國震動，先生亦不得不由言論而漸入於行動。當馬占山喋血抗戰，消息轉到上海，《生活週刊》社代收讀者捐助前方之款，數量達十二萬元，創開了在抗戰中以刊物而代收民眾捐款之門。乃忌者紛起，謠諑繁興，又因參加「民權保障同盟」的緣故，遂迫使先生不得不出國而作歐洲之遊，環歷地球一周，於翌年九月返國。返國後，主辦《大眾生活》，對於團結抗戰和民主自由，提出最明顯的主張，向政府與國人作誠懇迫切的呼籲，大聲疾呼，不遺餘力，「反映了全國救亡的高潮」。隨後，曾在香港創辦《生活日報》。二十五年，又回上海主辦《生活星期刊》，參加文化界救國運動，在全國各界救國聯合會代表大會中當撰執行委員，當時四人署名提出之小冊子《團結禦侮的幾個基本條件與最低要求》，即為先生所屬草。是年，冬間，與其他諸友同時被捕，由上海押解蘇州，經江蘇高等法院檢察官以危害民國罪起訴。嗣因「七七」事變，政府決策抗戰，獲予諒解，於次年七月三十一日恢復了拘留二百四十三天後的自由。《經歷》，《萍蹤憶語》，《展望》，《讀書偶譯》就是在這個時候所寫成的。其後，敵人侵陷南京，先生挈家隨政府播遷武漢。政府聘任先生做國民參政會參政員。從武漢到重慶，從第一屆參政會第一次大會到第五次大會，先生前後共提九案，而其中三案，都是為了力爭言論自由的：第一次請具體規定檢查書報標準並統一執行；第二次請撤銷圖書雜誌原稿審查辦法；第三次請改善審查搜查書報辦法。請撤銷原稿審查辦法案，是提出於第一屆參政會第三次大會，當時，先生在會場裡，慷慨陳辭，不亢不卑，而又曲折盡理，能使聽者心折。因是，付表決的時候，連素來反對先生的，也有人不自覺地舉起手來，遂得以大多數通過此案，誠為從來會場所未有，這足證先生的自信力和說服他人的力量之堅強。

民國三十年春間，第二屆國民參政會將開第一次大會，先生是由政府聘請連任的，已經報到，忽於二月二十二、三等日，疊連接到昆明、成都、桂林、曲江、貴陽等處電告，所有當時僅存的幾處生活書店的分支店，也都遭受當地政府不約而同的封閉，經理、店員，非被拘即逃散！先生對此無理壓迫，感到非常痛心，尤以自己艱難締造的文化事業，橫遭摧殘到如此田地，而不能自保，更何能保障他人？遂決意辭去參政員之職，離渝赴港。在港仍為民主抗戰，奮鬥不懈。不幸，太平洋戰爭爆發，香港陷落，又避入內地，轉輾遷徙。一年前，患中耳炎症，痛苦異常，經醫生檢視，認為是癌，至今年七月二十四日竟以此捨棄世界而去，年僅五十，誠可深悼！這在我中華民族，無論在政治上文化上，都是一個重大損失！

先生長於理解而又富於情感，平時言動性格，確自有其與他人迥異的特點，請即引先生自己的話來作證明罷。第一是認真，他說：「我自己做事沒有別的什麼特長，凡是擔任了一件事，我總是要認真，要負責，否則寧願不幹」；「可是我生性不做事則已，既做事就要盡力做得像樣。」辦《生活週刊》時，他說：「我的妻有一次和我說笑話，她說：我看你恨不得要把床鋪搬到辦公室裡面去」；「我的工作當然偏重於編輯和著述方面，我不願有一字或一句為我所不懂的，或為我所不稱心的，就隨便付排，校樣亦完全由我一人看，看校樣的聚精會神，就和在寫作時候一樣，因為我的目的，要使它沒有一個錯字」。在香港辦《生活日報》時，他說：「坐鎮到版子鑄好上機，然後放心走出印刷所的門口，東方已放射出魚肚白了，我在筋疲力盡中，好像和什麼人吵了一夜的架。」這幾段真描寫出了他對於工作方面實踐的精神。第二是性急，他在解釋他為什麼後來不幹教員生活時說：「一因我的性太急，很容易生氣，易於疾言厲色，事後往往懊悔，對於我自己的健康也有損害，我覺得我的忍耐性太缺乏」；被敘述在時事新報做事所得的觀感中間，他稱他自己「我是個性急朋友」；他又在《韜奮自述》裡面，說他自己「特徵近視，特性性急，牛性發時容易得罪人」。誠然，依先生所說，性急也許是他的缺點，但也就正是他的優點吧。第三是求知（虛懷），他說：「十幾年來，在輿論界因知勉行的我，時刻感念的是許多指導我的師友」；又說：「我個人是在且做且學，且學且做，做到這裡，學到這裡；除在前進書報上求鎖鑰外，無時不皇皇然請益於師友，商討於同志」。就因為能如此求知的緣故，所以他所辦的刊物能一期期的轉變前進，他的精神和思想，能一天天發皇和深入。第四是硬，他在少年求學時代，因為費用不夠，同時又要擔任家庭教師，常自稱

「硬漢教師」，並自己加以分析，說：「只是好像生成了一副這樣的性格，遇著當前的實際環境，覺得就應該這樣做，否則便感覺得痛苦不堪忍受」，「覺得我並不是瞎硬，不是要爭什麼意氣，只是要爭我在職務上本分所應有的主權，不能容許任何方面作無理的干涉或破壞」；後來畢業做事，也說：「我對於自己的職務，不肯一絲一毫的撒爛污，但同時卻不願忍受任何不合理的侮辱」；到了他辦《生活週刊》時，他說：「我只知道週刊的內容應該怎樣有精采，不知道什麼叫做情面，不知道什麼叫做恩怨，不知道其他的一切」，「我們只要自己腳跟立得穩，毀謗誣蔑是不是畏的」。第五是光明磊落，他講到他在政治上的態度時，說：「我向來並未加入任何黨派，我現在還是如此」；又說：「我服務於言論界者十歲年，當然有我的立場和主張」。我相信，先生的話當然不是信口而說的，絕對可以他的一生言論和行動來作最好的證明。

總之，韜奮先生不是一個普通的文化人，也不是一個有任何黨派關係的人，並且也不能把他看做只是一個新聞記者。他是一直並永遠立在中國人民大眾的立場，面對著現實，有知識便求，有阻礙便解決，有黑暗便揭發，只問人民大眾的需要和公意，不知自己一身的利害。就因為這樣，犧牲一切，揮灑他的熱血，傾注他的精誠，努力創辦和支持他的二十年文化事業，就因為這樣，決心參加了救國行動，努力於民主運動，就因為這樣，離開了他所幾年安居的陪都，就因為這樣，卒至不恤奔馳顛沛以迄於死。

序二

鄒韜奮先生的生平、其思想及事業

張仲實

鄒韜奮先生，這位二十餘年來為民族解放、為民主政治、為進步的文化事業而不倦奮鬥的偉大戰士，原名恩潤，韜奮是他主編《生活週刊》以後所用的筆名。他生於一八九五年九月，原籍江西餘江，生長於福州和上海。家庭是個大家族，父親有十來個弟兄。祖父做過福建延平府知府。父親在先生五六歲時，曾帶看家眷到福州做官；在做候補官時，家裡一貧如洗，要靠領施米貼補一家生活。母親不幸二十九歲即去世，其時，先生年十三歲。有同母兄弟姊妹六人，先生居長。

先生幼時是在家裡私塾請人教讀古書。以後入上海南洋公學附屬小學，因為他父親希望他將來能做一個工程師。在這裡，他由小學、中學、而讀到大學電機科二年級；終因他喜讀有關社會問題一類的東西，而對算學、物理一類的科目，不感興趣，而轉入上海聖約翰大學文科，至一九二一年畢業。

先生在求學時代，是個苦學生，所有費用，全靠自力掙扎。在南洋公學中學時，家中接濟，即告斷絕，幸以「優行生」資格，得以免除學費；別一方面，常在申報《自由談》及商務出版的《學生雜誌》上投稿，以所得稿費救窮；並在暑假期內，極力找尋家庭教師的職務做。在轉入貴族化的聖約翰後，由辛辛苦苦做了幾個月家庭教師所得的錢在一個學期內就用得精光，除在沒有辦法的時候五塊十塊的向朋友借用外，曾開始翻譯杜威所著的《民治與教育》一書，想以此所得救急；但鉅著的翻譯，有遠水救不了近火之苦，最後仍只得靠在私家教課的辦法，每日下課後，就往外奔，教兩小時後再奔回來。後來充當該校圖書館夜間助理員，半工半讀，才勉強捱過難關。

在求學時期，先生做事認真負責的優良作風，就已養成。那時他對於算學一科，本沒有興趣，但他認真學，認真準備，從不馬虎；他做家庭教師，原為救窮，但是在執行家庭職務的時候，卻一點不願存著「患得患失」的念頭，對於學生的功課，異常嚴格，所毅然保特的態度是：「你要我教，我就是這樣，你不願我這樣教，儘管另請高明。」先生的這種實事求是的作風，貫徹一生，至死未變。

在聖約翰畢業後，先生本想入新聞界，但因一時得不到什麼機會，經畢雲程先生的介紹，任穆藕初所辦的上海紗布交易所英文祕書，其工作是翻譯每天幾頁關於紗布的英文電訊。這個事情比較清閒，薪水還算不錯；但先生覺得沒有什麼意義，仍想進新聞界，於工作之餘，兼到申報館幫助答覆英文信件，想以此在報界找得一個職位，仍未成功，又兼任青年會中學英文教員。後來黃任之先生請他擔任中華職業教育社編輯股主任，自此，先生辭去交易所職務，乃就新職，但以收入不夠用，半天給職教社編輯《職業與教育》月刊和叢書，半天給科學名詞審查會編輯各科名詞。在後一工作結束後，又兼任中華職業學校教務主任和英文教員。這樣，有六年之久。這期間先生共給職教社編譯職業與教育叢書六種及其他譯著三種。

在這一時期，職教社所發起的職業指導運動，曾使先生的思想開始發生變化。該運動的辦法是接洽各中級學校舉行職業指導運動週，在這一週裡學生填寫該社所特備的職業指導表，按月請專家講演，最後由該社與學生作個別談話。先生跑了好幾省的地方，在各處都接洽進行這一運動。他對於職業指導，本來極感興趣，致力研究，但他愈研究，卻愈想跳出這一工作，因為他與各地青年談話並觀察中國社會實際情形的結果，覺中國政治腐敗，社會黑暗，一般青年學生多所學非所用，一出學校即有踏入失業隊伍的危險，職業指導的效用，實在很有限。因此，先生遂「感到慚愧，感到苦悶」，感到自己的思想「應該由原來的『牛角尖』裡面轉出來」。

這時卻有一件使先生最感興味的工作，逐漸到來，這就是職教社於一九二五年十月所創辦的《生活週刊》。該刊原來的意旨只是為了迅速傳佈關於職業教育的消息，起初由王志莘氏擔任主筆，過了一年，因王氏入銀行界，乃改由先生擔負編輯責任。先生接受這個工作後，雖已辭去英文教員職務，但又兼任時事新報祕書主任，白天在該報館辦事，晚上作職教社事情——編輯《生活週刊》。這樣有一年光景，最後因《生活週刊》發展，需要全部時間和精力，於是先生才辭去時事新報館的職務，而全力辦《生活週刊》了。

先生實事求是和為群眾服務的優良作風，在辦《生活週刊》上，更充分地表現了出來。他接辦該刊時（一九二六年十月），每期只印二千八百份左右，主要是贈送人。他接辦後，便聚精會神的工作。一方面，革新內容，注意短小精悍的評論和「有趣味有價值」的材料。每期「小言論」雖僅數百字，卻是他「每週最費心血的一篇」，每次必盡他心力「就一般讀者所認為最該談幾句話的事情」，發表他的意見。對於選擇文稿，極為嚴格，不講情面，不顧恩怨，「不管是老前輩的或是幼後輩的，不管是名人來的或是『無名英雄』來的」；只須是好的他都用，不好的他「也不顧一切不用」。對於文字，認真修改，他不願有一字或一句為他所不懂的或為他所覺得不稱心的，就隨便付排。「每期校樣要看三次，有的時候，簡直不是校，竟是重新修正了一下。」編排形式也「極力『獨出心裁』，不願模仿別人已有的成例。……往往因為已用的形式被人模仿得多了，更竭盡心力，想出更新穎的形式來」。另一方面，增設信箱一欄，討論讀者提出的問題，並為讀者服務，代購一切東西。讀者來信的內容，都是一些現實問題：求學問題、家庭問題、婚姻問題、戀愛問題、職業問題，形形色色，無所不有。先生對於廣大讀者的這些來信，都盡力答覆，他「把讀者的事看作自己的事，與讀者的悲歡離合，甜酸苦辣，打成一片；」他「答覆的熱情，不遜於寫情書，一點不肯馬虎，鞠躬盡瘁，寫而後已。」這些來信，有一小部分在週刊上公開發表和解答；大部分雖不能發表，先生也用「全副精神答覆；直接寄去的答覆，最長的也有達數千字的。」那時先生每年所接到讀者的來信，總在兩三萬封以上，覆信都存有底稿；來信者姓名和地址，都編入卡片，以便經常保持聯繫。起初是先生自己拆信，自己覆信；後來最盛時，先生忙不過來，有四位同事專門擔任拆信覆信的事，但先生一一看過，親筆簽名。因為竭誠幫助讀者，獲得讀者信任，所以國內外讀者，就時常寄錢來託《生活週刊》社代買書報，買東西，買鞋子，買衣料，先生及其同事都盡心力做去，「不怕麻煩，不避辛苦，誠心懇意地服務；」有時買不十分對，還要包換。

由於先生的認真負責，由於內容的革新和為讀者熱烈服務，《生活週刊》不到三年，每期銷數便由兩千多份而增至四萬份；自一九二九年十月起，該刊又加以擴充，改為本子形式（原為一單張半），內容更見充實，每期銷數突增至八萬份，隨即增至十二萬份，後來更增至十五萬份以上，為中國雜誌界開一新紀元！為讀者服務一事，亦因後來愈來愈多，乃於一九三〇年成立「書報代辦部」，專辦此事。這個「書報代辦部」逐漸發展，就成為後來在全國有分支店和辦事處五十六處及為廣大讀者所熱烈擁護的生活書店！

在接辦《生活週刊》後，因與廣大讀者發生聯繫，先生給廣大讀者做了老師：給他們解決問題，代他們服務；但廣大讀者也給先生做了老師，他們在無數萬封的通信中，使先生了解了各種具體問題，了解了中國社會的各個黑暗面。因此，在這一時期，先生的思想也有了巨大的進步，即逐漸自覺地跳出狹隘的個人主義的圈子而站到人民大眾方面來。這可由《生活週刊》前後內容的不同上看出來。在先生接辦該刊的初期，其內容只偏重於個人的修養問題，並注意於職業修養的商討，這還不出於教育和職業指導的範圍。但隨著先生「個人思想的進展而進展」，該刊也就「漸漸變為主持正義的輿論機關」，具有「研究社會問題和政治問題」的「衝鋒性」了。先生自己在《經歷》中說道：「也許是由於我的個性的傾向和一般讀者的要求，《生活週刊》漸漸轉變為主持正義的輿論機關，對於黑暗勢力不免要迎面痛擊」……「不但如此，

《生活週刊》既一天天和社會的現實發生著密切的聯繫，社會的改造到了現階段又絕不能從個人主義做出發點；如和整個社會的改造脫離關係而斤斤較量個人的問題，這條路是走不通的。於是《生活週刊》應看時代的要求，漸漸注意於社會的問題和政治的問題，漸漸由個人出發點而轉到集體的出發點了。」自一九二九年後，該刊每期關於揭發國民黨黑暗統治、禍國殃民、貪贓枉法一類文字的增多，就是證明。此後，該刊經職教社的允許，也脫離該社而獨立起來，由該刊同人組織合作社來經營，因之，該刊得以順利地向前發展。關於這一點，先生一再稱讚職教社諸位先生態度的光明。

《生活週刊》突飛猛進之後，便「時時立在時代的前線」。隨著民族危機的加深和嚴重，先生也成為為民族解放而積極戰鬥的戰士。一九三一年朝鮮慘案、萬寶山慘案，相繼發生，預示民族大難的將臨，先生就提出警告說：「國人萬勿視為一隅一時之事」，日寇「此次橫蠻與慘酷，實為積極侵略中之小波瀾」，並號召與日本帝國主義戰鬥：「強盜臨門，無理可講，我們應如何奮起自衛，這是全國同胞所應窮思極慮的生死問題。」「九一八」事變發生後，先生極猛烈抨擊國民黨的不抵抗主義，主張「必須反抗，必須抵死反抗」；公開反對國民黨的內戰政策，主張「全國上下，一致團結對外」；在外交方面，反對國民黨依賴國聯的政策，主張「自救」及「聯絡中山先生所說的『以平等待我的民族』，向前奮鬥」。先生當時在〈國慶與國哀〉一文中憤慨地說：「我們念及雙十，……更不禁聯想到殉難諸烈士當時所痛心疾首奮不顧身欲為同胞剷除之危害，至今日則如水之益深，火之益熱，所謂『同志者在』，徒見其掛羊頭賣狗肉，鉤心鬥角於私鬥，喪權辱國為慣技，一任暴敵之橫衝直撞，劫掠慘殺，不以為恥，除『不抵抗』外無辦法，除『鎮靜』外無籌謀。」另一方面，當時先生即向全國學生提出：「各校學生應速組織抗日救國會」，並號召上海學生擇定一日，作總示威，作「大規模的悲壯舉動」。

當馬占山在黑龍江樹起抗日旗幟之時，先生即號召讀者捐款援助，登高一呼，群起響應，不到幾天竟達十五萬元之多，轟動全國！「一二八」抗戰時，先生除號召捐款援助十九路軍外，並和其同人參加戰時後方服務，根據戰士們的需要，徵集種種需用品，及設立「生活傷兵醫院」。此外。還增出「號外」，報導戰況，當時最受上海人民大眾的信任，常常半夜三更還有人打電話到生活週刊社去詢問前線消息，先生及其同事輪流坐以待旦，據實答覆。

其後先生對國民黨的一面交涉一面抵抗的欺騙政策，以及淞滬協定、塘沽協定這些賣國條約，都盡力加以抨擊。此時國民黨統治者對《生活週刊》已不斷加以壓迫——停止郵寄或扣留。

在經過「九一八」和「一二八」這些現實的教訓以後，先生思想上的方向也更加明確了，對於個人與社會關係的認識也更加清楚了。其時先生自謂：「作者自己和自己作前後的比較，自覺思想上的方向日趨堅定，讀者於前後各文中或亦可看出一二；」在給讀者的一封覆信中，先生說：「為個人利害而研究學問，檢討問題，是充滿了自私自利的意味，而且也得不到出路，無疑的是要沒落的；為大眾福利而研究學問，檢討問題，乃至談一段話，作一篇文，以及其他種種活動，都以此為鵠的，方向既有所專注，心神自有所集中，隨時隨地都可會有推進新時代車輪的可能性。」先生當時抗日的主張，也不是狹隘的民族主義的觀點，先生自己說道：「自九一八、尤其是一二八以後的拙作，對抗日救國的文字特多，這是認為民族自救乃目前的要圖，絕無意於提倡狹隘的國家主義。作者相信在現階段內的我國革命，須考量中國的特殊情形，應暫以中國民族為本位；但相信革命的最後目標，是世界各民族平等自由的結合，而絕不是狹隘的民族主義。」

在九一八後，先生鑒於國難日益嚴重，為了「發表正確言論和新聞以喚醒國人，共起救亡禦侮」，就想「創辦一種真正代表大眾利益的日報」。於是經一再籌劃後，乃於一九三二年春間，正在一二八抗戰的炮火中，發表創辦《生活日報》的計畫，登報公開招募股款，不到半年竟收到十五萬元。這些股款完全是由數元或數十元湊集而成的，投股者都是滿佈國內外各個角落的讀者。先生興高采烈，日夜忙於定購機器，籌備創刊，但終因國民黨壓迫，政府命令禁止郵寄《生活週刊》，雖再三解釋，仍不能達到解禁目的，於是《生活日報》也只得宣布停辦，連已收到的股款和存於銀行所得的利息，一併退還給投股者。

這時先生鑒於《生活週刊》危在旦夕，為了繼續推進文化事業，爭取民族解放，將週刊所附設的「書報代辦部」改為「生活書店」，確定該店以推進大眾文化，服務社會為其營業和出版方針。該店組織也採取合作社制度，凡在該店正式擔任職務的人，都作為社員，股款按月從薪水中扣除百分之一五，並有職業保障，不得隨便解職。管理採取民主集中制辦法，店中大小事情，都由大家討論解決，領導機構，由社員大會選舉。所有職員，除極少數是依著事業的需要而聘請來的以外，其餘最大多數都是經過考試手續的，先生從未安插過一個私人。該店每年營業盈餘，都用於發展事業，先生及同事都是始終靠薪水生活，從未分過紅利，亦從未拿過股息。因為實行這些民主辦法，所以，該店朝氣蓬勃，雖處在國民黨殘暴壓迫之下，仍能很快發展成為中國出版界的權威，在近代中國文化事業上起了巨大的推動作用。

一九三三年初，先生加入宋慶齡、蔡元培所組織的「民權保障同盟」，並被選為執委。該同盟的主要目的是在營救政治犯，反對國民黨對青年的殘暴屠殺和非法的拘禁酷刑，及爭取言論集會的自由。先生一面積極參加該同盟的活動，另一方面並給人民大眾正確地指出鬥爭的方向：「從歷史上看來，便知民權之獲得保障，絕不是出於統治者的恩賜，乃全由民眾努力奮鬥爭取得來的。」同年六月該同盟的最積極的領導者之一楊杏佛，被國民黨特務機關所害，先生也名列「黑名單」，遂不得已出國。是年底《生活週刊》亦被迫停刊。正如先生所說的，該刊雖然被迫停刊了，但「它的精神是永遠存在的，因為它所反映的大眾的意志和努力不是一下子可以消滅的。」接著生活書店就創辦《新生》以代替。至一九三五年夏季，《新生》因〈閒話皇帝〉一文，觸怒日寇，國民黨統治者乃接受日寇的要求，又將該刊封閉，並以「妨害邦交」罪，將其主編杜重遠判處一年又二月的徒刑！

先生於一九三三年七月出國，由海道至歐，先到義、法，然後住在倫敦，在這裡先生除在倫敦大學政治研究院和大學研究院聽講外，便到倫敦博物院圖書館致力研究。從《讀書偶譯》可以看出，先生在當時研讀了不少的社會科學，尤其是馬列主義的著作。一九三四年二月初至四月，遍遊比、荷、德諸國；七月與美國學生旅行團同行，從倫敦到蘇聯，在莫斯科暑期大學聽講兩月；以後，參觀蘇聯南部各工業中心、大集體農場及克里米亞名勝地，九月底仍回至倫敦。一九三五年五月赴美，視察三個月，於八月底返國。在國外兩年中，先生就旅途視察所得，用通訊方式，寫有《萍蹤寄語》三集，共約三十七萬字。第一第二兩集的內容是報導歐洲各資本主義國家的情況——經濟的衰落，政治的腐敗，及社會矛盾的尖銳。那時先生對於德、義兩個法西斯帝國家的印象，就特別惡劣。到義大利時，正逢羅馬在舉行法西斯蒂獨裁十週年紀念展覽會，先生看後說：「我所特別注意的是他們究竟替義大利人民幹出了什麼成績；但卻一些『展』不出，原來他們只不過按年把該國法西斯蒂一黨發展中的殺人照片、『烈士』照片，所用的刺刀旗幟等陳列出來」罷了！關於希特勒德國之本質，先生認為是德國反動的資產階級「鑒於勞動階級聲勢日大，深覺社會民主黨之不足再供利用，乃索性揭開假面具，利用國社黨作明目張膽的壓迫，以作最後的掙扎」；他看到希特勒統治的「特點」之一，便是「殘酷無此的褐色恐怖」，並舉述了法西斯蒂野獸屠殺德國人民的無數令人心驚膽寒的恐怖事實。這證明先生在當時即對法西斯主義已有深刻的認識和仇恨。《萍蹤寄語》第三集是報導蘇聯社會主義建設的成就——政治的民主，經濟的繁榮，以及人民生活的快樂和自由，先生對社會主義國家的熱烈同情及對新社會的傾心嚮望，洋溢於每字每句之間。先生的這些著作，教導了中國成千成萬的青年讀者瞭解了世界大勢，瞭解了中國民族的出路！

先生自謂出國的目的是在觀察「世界的大勢怎樣？」「中國民族的出路怎樣？」先生本想在「看過美國以後，才來試答這些問題」，但在視察了歐洲幾個「比較可以左右世界政治」的國家和蘇聯後，他關於這些問題已經站在馬列主義的立場上明確地作了結論。先生說：「現在的世界，除蘇聯外，很顯然的現象是生產力的進步已和生產工具私有的社會制度不相容。……在歐洲的所謂『列強』的國家裡面所見的社會現象：一方面是少數人的窮奢極慾，生活異常闊綽；一方面是多數人的日趨窮乏，在飢餓線上滾！」因此，「要澈底解決這種『不相容』的問題，只有根本改造束縛這生產力的社會組織，代以為大眾福利儘量利用進步生產力的社會組織。」至於中國民族的出路，先生說：「我們的民族是受帝國主義壓迫和剝削的民族，……所以，我們的出路，最重要的是在努力於民族解放的鬥爭」。但是，這一鬥爭「絕不能依靠帝國主義的代理人和附生蟲；中心力量須在和帝國主義的利益根本不兩立的勤勞大眾的組織。」

因為對於上述兩個問題已有了明確的答覆，再加以在蘇聯和美國旅行團相處時所交「不少思想正確的好友」之有力介紹和熱誠指導，所以先生對於美國的觀察，就更深刻了。這從《萍蹤憶語》中就可以看出來。在美國，先生已能特別著眼於該國的內在矛盾，人民生活反共革命活動，並能與工人農民青年等進步組織保持聯繫。

先生於一九三五年八月底由美回國，其時生活書店在全國廣大讀者同情和擁護之下，已經大大發展，本版雜誌已有《文學》、《世界知識》、《婦女生活》、《太白》、《譯文》、《生活教育》等，都風行一時；本版書也大量增加；同時人數已增至六七十人；先生即根據視察歐美和蘇聯的經驗，致力於調整該店組織機構，實行科學管理，並改善同人生活，如普遍加薪、租賃寬敞高大的三層樓洋房為同人公共寄宿舍，檢查身體健康狀侃，增設醫藥費，將工作時間改為七小時……等。當時生活書店管理的民主，職員工作時間之短，及生活的優裕愉快，為全國所無。同時，先生鑒於日寇深入北方數省，民族危機日深，又想創辦《生活日報》，但仍未被允許，經一再解釋；才被准許登記，辦了《大眾生活》週刊。該刊於是年十一月十六日創刊，這時先生在政治上的方向也很明確了，戰鬥性也更堅強了。他在該刊創刊詞中提出以「力求民族解放的實現，封建殘餘的剷除，個人主義的克服」為三大目標，號召全國，主張開放言論自由和民眾運動，組織民族聯合戰線，實行抗日。創刊號出版後，有一讀者來信熱誠地勸他在文字上慎重，希望《大眾生活》不要「中途夭折」，先生答道；「我們也和先生一樣地希望著，不過當然還要以不投降黑暗勢力為條件，因為無條件的生存，同流合污，助桀為惡的生存，雖生猶死，乃至生不如死。」那時日寇正與國民黨統治者交涉所謂「三原則」，先生則站在中國人民的立場，提出「我們的三大原則」：「一、堅決收回東北失地；二、恢復革命外交；三、恢復民眾運動和言論自由」，與之對抗。一二九運動爆發後，先生即予以熱烈的聲援和支持：「參加救亡運動的青年男女同胞們！你們的呼聲是全國大眾的心坎裡所要大聲疾呼的呼號聲！你們的憤怒表現是全國大眾所要表現的憤怒！你們緊挽著臂膊衝過大刀槍刺的英勇行為是全國大眾灑熱血拋頭顱為民族解放犧牲一切的象徵！記者為著民族解放的前途，要對你們這先鋒隊頂禮膜拜致誠懇的最上敬禮！」此後《大眾生活》每期內容幾乎完全是反映全國學生救亡運動的了！在這一時期，先生自己說：「我的工作，我的經歷，我的思想，我的感觸，好像正在緊接著開演的電影，緊張得使我透不過氣來！」由於《大眾生活》站在救亡運動的前面，反映廣大人民的要求，所以該刊銷數竟達二十萬份！

是年十二月，上海文化界救國會成立，先生被選為執行委員。

一九三六年二月間，《大眾生活》出滿了十六期，遇著了同《生活》、《新生》一樣的命運，又被國民黨封閉了！先生愈戰鬥愈堅強，並不因此而消極，他在《大眾生活》最後一期登載啟事，其中說：「我個人既是中華民族的一份子，共同努力救此垂危的民族，是每個份子所應負起的責任。我絕不消極，絕不拋棄責任，雖千磨萬折，歷盡艱辛，還是要盡我的心力，和全國大眾，向著抗敵救亡的大目標，繼續前進。」先生在國民黨特務機關威嚇之下，也迫不得已，由上海出走至香港。

在《大眾生活》被封後，生活書店又創刊《永生》週刊以代替，但到六月間又被封閉了！一九三六年五月三十一日全國各界救國聯合會在上海成立，先生被選為執委。

先生到香港後，以該地可以公開發表抗敵救國的主張和日寇侵略中國的消息，便不怕種種困難，籌辦《生活日報》。該報於是年六月七日出版。因香港印刷條件太壞，先生為了把報排的好些，常常親自到印刷工場裡去「坐鎮」，「徹宵不睡地看著工人做。」這時先生在《生活日報》上一再撰文，闡發民族抗日統一戰線的理論，既抨擊狹隘的宗派主義、關門主義，又責斥妥協屈服的投降主義。對於托派的「左」的破壞統一戰線的伎倆，更不斷加以揭穿。該報出版後不到兩月，即可與華南第一流的大報比擬。但終因香港偏於南部，新聞採訪雖報紙推廣發行，有種種不便，遂根據讀者要求，宣告從八月一日起移至上海出版。

同年七月先生與沈鈞儒、章乃器、陶行知諸先生聯合發表「團結禦侮的幾個基本條件與最低要求」小冊子，主張停止內戰，一致對外。這個有歷史意義的小冊子，即是先生所起草的。

《生活日報》移至上海後，因國民黨統治者不准登記，終未復刊，先生僅將該報副刊〈星期增刊〉復刊，並將內容加以擴充，改名為《生活星期刊》。是年十一月間，上海、青島等地日商紗廠工人舉行反日罷工；日寇進侵綏遠後，全國救亡運動也日趨高漲。先生當時與救國會諸先生奔走援助，並組織上海日本紗廠罷工後援會；同時楊樹浦日廠全體工人也致書先生，請求幫助。這時國民黨統治者深怕抗日救亡運動展開，乃於十一月二十二日深夜把先生及救國會其他領袖沈鈞儒先生等六人同時在上海逮補，復押解至蘇州高等法院，於一九三七年四月經檢查官提起「公訴」，誣先生等的主張聯合各黨各派，建立統一戰線，實行抗日及援助日廠工人罷工等行為為危害民國，直至「七七」事變後——七月三十一日才恢復自由，共拘禁了二百四十天。在獄中先生曾寫完了《經歷》和《萍蹤憶語》兩書，並將在倫敦時的英文讀書筆記一部分整理出版（《讀書偶譯》）。在先生等被監禁期間，全國青年紛紛寫信慰問；中國共產黨中央及外國名人如羅曼羅蘭、愛恩斯坦等都致電國民政府，要求立即釋放。先生在《經歷》中說：「我們報答之道，只有更努力於救國運動，更努力於為大眾謀福利的工作。」

在抗戰爆發後，先生便致力於抨擊國民黨的寡頭統治，爭取民主政治。在「八一三」戰爭的炮火中，先生曾辦《抵抗》三日刊，一再對國民黨的片面抗戰的政策，加以抨擊，主張澈底開放民眾運動和言論自由，實行真正的全面抗戰。上海淪陷後第二天，先生離滬，繞道香港、廣西至武漢，筆者偕行，目睹先生每至一地，都有無數青年來訪；到廣西鬱林時已晚上十時左右，該地中學數百學生，本已入睡，聽到先生抵達消息，全體起床，硬要求先生前去講演了半點鐘。《抵抗》三日刊也隨先生遷至漢口繼續出版，但改名為《抗戰》三日刊；自一九三八年六月起，又與柳湜先生主編的《全民》週刊合併，改為《全民抗戰》，原為三日刊，後改為週刊，直至一九四一年二月先生離滬赴香港為止。

一九三八年六月，先生被聘為國民參政會參政員。從第一屆參政會第一次大會到第五次大會，先生前後共提出五案，其中三案都是為了爭取言論自由的：第一次是要求具體規定檢查書報標準的統一執行；第二次是要求撤銷圖書雜誌原稿審查辦法；第三次是要求改善審查搜查書報辦法。要求撤銷原稿審查辦法一案，是在第三次大會上提出，當時先生激昂陳辭，會場擠滿聽眾，在付表決時，連素來反對先生的也有人不自覺地舉手贊成，遂得以大多數通過。同年，在漢口，國民黨曾費了很大力量，叫先生入黨，且以三青團中央幹事相誘，但先生斷然拒絕了，這表明了先生「威武不能屈，富貴不能淫」的氣概！

一九三九年初先生翻譯《蘇聯的民主》一書，把「滲透於蘇聯全國人民各部分生活中的民主精神」，介紹給中國讀者，他在其序言中說：「蘇聯的民主有很豐富的內容供我們的借鏡」，「中國在抗戰建國的這個偉大的時代，必須加強民主以澈底動員廣大民眾來參加抗戰建國的偉業」。七月先生在重慶發動組織重慶各界憲政座談會，作公開講演，並出版關於憲政的參考材料，及聯合各黨各派發起組織憲政促進會籌備會，積極設法推進憲政運動。

同年國民黨反動派對於生活書店開始加以有計畫有系統的壓迫和摧殘，其手段是：一面造謠、誣蔑、威嚇；說該店是受共產黨所津貼；其同人自治會，讀者會，改善生活、檢討工作，都有政治目的；其「生活推薦書」是組織讀者；說生活書店密藏武器……企圖以此造成摧殘該店口實；別一方面，便是用暴力消滅該店。在抗戰以後，該店為供應抗戰需要，在前後方所設立的分支店及辦事處，前後共達五十六處，從一九三九年四月起到次年同期，大多數被封閉或迫令停業，僅存六處；所出圖書，也一律停止郵寄或沒收，甚至連經過審查及在內政部註冊的，都沒有例外。是年六月重慶市政府社會局會同國民黨市黨部及中央圖書雜誌審查委員會曾派員親自到該店總管理處審查賬目，特別注意經濟來蹤去跡，但經兩日審核的結果，毫無弊病可言。七月四日國民黨中宣部副部長潘公展又奉該部部長葉楚傖的指示，公開強迫該店與中正書局、獨立出版社合併，直接受國民黨領導並派總編輯，並要韜奮先生加入國民黨，但這一切無恥的要求，都被先生嚴詞拒絕了。

一九四一年元旦，先生鑒於國民黨統治者的日趨反動，乃在《全民抗戰》社論〈歡迎勝利的一九四一年〉一文中提出六項主張：「一、加強團結，堅持抗戰；二、實現民主政治，保障言論、出版、集會、結社的自由；三、加強親蘇聯美的外交政策；四、實施戰時的財政經濟政策，平抑物價，安定民生；五、實施抗戰建國教育，保障學術講習的自由；六、保障婦女在政治、經濟、社會、教育、職業各方面的平等。」這可作為先生在被迫出走前的主張之代表。

但國民黨反動派的倒行逆施，變本加厲。一九四一年一月初，生活書店僅存的昆明、桂林等六個分店，都被同時封閉，所有職員不是被捕便是逃散，所剩重慶分店一處，在暴力壓迫之下，也不能出版東西了；反共反人民的罪行——皖南事變，也接著發生了。於是先生為了表示積極的抗議，乃於第二屆國民參政會第一次行將開幕之際，離渝赴港，到港後電渝辭去參政員之職。先生在《全民抗戰》最後一期社論〈言行一致的政治〉一文中，對國民黨的反動黑暗統治抨擊說：「世間實在不少滿口仁義道德，實際男盜女娼的人！這類人公開說的話，有時聽來也好像頭頭是道，像煞有介事，但是你如仔細觀察他在實際上的行動，卻和他們所說的恰恰相反……說盡好話，做盡壞事，在這種人自己也許洋洋得意，我們旁觀者清的人，卻不禁為之慨嘆不置！」

先生在香港，像在內地一樣，依然為文化事業、為民主、為救國而積極鬥爭。他除將《大眾生活》復刊外，並替《華商晚報》寫社論，替《保衛祖國同盟英文半月刊》按期撰寫論文。此外，還寫了《抗戰以來》一書。十月間與救國會留港代表九人聯名發表「我們對於國事的主張」，並促成「中國民主政團同盟」之成立。

在日寇佔領香港後，先生於一九四二年一月九日在中國共產黨所領導下的東江游擊隊幫助之下，夾在難民群中，逃出香港，經九龍而到東江抗日民主根據地。

先生雖冒險進入祖國土地，但卻得不到自由！先生本想由東江轉赴桂林，但重慶國民黨統治者密令其特務機關，嚴密監視和搜索先生的行蹤，發現時「就地懲辦」，先生不得已只有暫住在東江游擊隊根據地。

一九四二年九月間，先生經過重重困難和敵偽一次一次的檢查，到了上海。這時先生已患慢性耳炎，但經醫生檢查，不大嚴重，乃於十月間，輾轉到達蘇北抗日民主根據地。在這裡先生悉心考察根據地狀況，收集關於抗日的政治經濟文化各方面的材料，並常常作盛大的關於民主政治的演說；同時，還計畫創辦一個刊物。不幸先生的耳病，日趨嚴重，乃於一九四三年初回至上海就醫。經過兩個月的療養，病勢稍輕，先生伏在床上又寫了《患難餘生記》一書；還計畫寫一本《蘇北觀感錄》和一本《民主政治運動史》。但以後因病勢復重，未能動筆。十月間聽到國民黨反動派撤退河防調集大軍進攻陝甘寧邊區的消息，先生憤不可抑，起來用毛筆鄭重地寫了〈對國事的呼籲〉一文，嚴詞斥責國民黨反動派反共反人民的罪行。他在這篇文章中關於考察蘇北根據地的印象說道：「此次在敵後視察研究，目睹人民的偉大鬥爭，使我更看到新中國光明的未來。我正增加自信的勇氣和信心，奮勉自勵，為我偉大祖國與偉大人民機續鬥爭。」此後不幸先生病勢逐漸惡化，以至右眼失明，鼻子呼吸不靈，終於一九四四年七月二十四日上午七時二十分竟然長逝！彌留之際，仍殷殷懷念祖國人民，遺囑說：「我心懷祖國，惓念同胞，願以最沉痛的迫切的心情，最後一次呼籲全國堅持團結抗戰，早日實行真正的民主政治，建設獨立自由幸福的新中國」，並謂：「我死後骨灰儘可能帶往延安，請中國共產黨中央嚴格審查我一生奮鬥歷史，如其合格，請追認入黨！」

先生二十餘年來盡瘁於民主政治、盡瘁於民族解放、盡瘁於進步的文化事業。在「九一八」後，他的著作，他的救國活動，對於民族統一戰線和抗日戰爭起了巨大的歷史的推動作用。無數青年受其影響而走上革命的道路。先生之死，是中國人民的一大損失。先生死了，先生在國民黨壓迫之下，顛沛流離，以至病死了；他的朋友，全國人民都同聲悲悼痛哭；他的敵人，中國人民的劊子手，都拍掌歡笑，可是他們笑錯了，現在世界反法西斯的勝利旗幟到處飄揚，法西斯野獸快要完蛋了。中國人民將完成先生的遺志。自先生病逝的噩耗傳出後，陝甘寧邊區及敵後各抗日民主根據地的人民大眾，都紛紛舉行盛大的追悼會；中國共產黨中央特電唁先生家屬，其中說：「先生二十餘年為救國運動，為民主政治，為文化事業，奮鬥不息，雖坐監流亡，絕不屈於強暴，絕不改變主張，直至最後一息，猶殷殷以祖國人民為念，其精神將長在人間，其著作將永垂不朽」；並接受先生遺囑追認入黨和骨灰移葬延安的要求。重慶在國民黨壓迫之下也舉行了數千人的悼追大會，在會場上各界人民對於國民黨寡頭統治的憤恨，達於極點。

先生是中國人民的兒子。他有著優良的品質和作風。他時時以人民大眾的利益為念，從不斤斤計較個人的利益。他做事認真負責，從不「拆爛污」，從不「馬虎」，他自己說：「我自己做事，沒有別的什麼特長，只是擔任了一件事，我總是要認真，要負責，否則寧願不幹。」他對人虛心，常以「新聞記者」自居，從不自高自大，把自己看得了不起，他說：「我個人是在且做且學，且學且做，做到這裡，學到這裡，除在前進的書報上求鎖鑰外，無時不皇皇然請益於師友。」他為人民大眾謀利益的熱誠與實事求是的作風，結合在一起，遂使他一步一步地走上了共產主義的道路，這道路正是中國知識份子應走的道路。

先生生前常自謂「無黨無派」，其實先生的精神，先生的意志老早就和中國共產黨結合在一起。他在其《經歷》中講到自己的主張和立場時說道：「有害盡蒼生的黨，有確能為大眾謀幸福的黨，前者的帽子是怪可恥的，後者的帽子卻是很光榮的。……我自己向來沒有加入任何黨派，因為我這樣看法：我的立場既是大眾的立場，不管任何黨派，只要它真能站在大眾的立場努力，真能實行有益大眾的改革，那就無異於我已加入了這個黨了，因為我在實際上所努力的也就是為這個黨所要努力的。」在講到自己的前途時他又說：「我所僅有的一點微薄的能力，只是提著這枝禿筆和黑暗勢力作堅苦的抗鬥，為民族和大眾的光明前途盡一部分的推動作用。我要肩著這枝禿筆，揮灑我的熱血，傾獻我的精誠，追隨為民族解放和大眾自由而衝鋒陷陣的戰士們，『冒著敵人的炮火前進』！」

韜奮，你死了，你在國民黨殘暴壓迫之下，在顛沛流離中病死了，但是你的事業，你二十餘年為民主政治、為民族解放、為進步文化事業而不倦的奮鬥，將永遠活在中國人民的心裡！你的遺志將有千千萬萬中國人民大眾來完成！

一九四四年十一月十四日

序三

不屈不撓盡善盡美的作風

張仲實

韜奮先生被國民黨殘暴壓迫，顛沛流離致死，已經一週年了！在中國人民需要民主團結像需要空氣一樣的現在，這位為民族解放、為民主政治、為進步的文化事業而奮鬥二十餘年的戰士，是怎樣地引起人的懷念啊！

韜奮先生是中國人民中最優秀的知識份子。他有許多優良的品質和作風，比如實事求是、不斷前進、為群眾熱誠服務等，這都是人所共知的，就不再講了。現在講一講他的作風中的兩個值得學習的特點，以示紀念。

從韜奮先生的生平中，我們首先看到，他的作風中的最大的一個特點，就是他在工作中不屈不撓的精神。常人做事，一碰釘子或一遇到困難，就心灰意冷，把頭縮回來。韜奮先生不然，他做事有毅力，有恆心，不怕任何困難、阻礙，總能堅持到底，把它完成。這種優良作風，他在青年時代就有了。此如在求學時代，他常受經濟壓迫，生活困苦，但他毫不氣餒，用投稿、作家庭教師、半工半讀等辦法，終於讀到大學畢業。又如在香港辦《生活日報》時，條件那麼困難——經濟困難、房子困難、登記困難、檢查困難、印刷困難……但他不為這些困難所屈服，兩個月的光景，竟然辦成華南第一流報紙。其次，常人做事，總是站在這邊山上看到那邊高，而韜奮先生作一件事，總是專心致志，集中全副精神去做，因而對工作有著濃厚興趣。例如他在辦《生活週刊》時期，因為「對於搜集材料、選擇文稿、撰述評論、解答問題，都感到極深刻濃厚的興趣」，常常興會淋漓盡致，不知疲乏地幹，做到深夜還捨不得走。韜奮先生不僅能與外部困難作堅決鬥爭，戰勝它們，而且能與自身的缺點，能與個人主義作鬥爭。以自己事業作為升官發財途徑或為了個人利益而中途變節的，實在不乏其人，但韜奮先生始終站在為人民服務的立場上，反對個人主義，不作升官發財之念。在接辦《生活週刊》時，他就認為「和整個社會的改造脫離關係而斤斤較量個人的問題，這條路是走不通的」，便漸漸由個人出發點而轉到集體的出發點。後來在辦《大眾生活》時，他對於反對個人主義之必要，更有透徹的發揮。在該刊創刊詞中他以克服個人主義作為三大目標之一，他說道：「民族未解放，個人何從得自由？個人不是做集團的鬥士的一員，何從爭自由？個人離開了集團的鬥爭，何從有力量爭自由？以個人的利害做中心，以個人的利潤做背景，又怎樣能團結大眾，共同奮鬥來爭自由？所以，我們要應現代中國的大眾需要，就必須克服個人主義，服膺集團主義。」正因為他立場這樣堅定，所以，國民黨方面雖一再威脅利誘，而韜奮先生都嚴厲拒絕，不為所動。至於韜奮先生與反動勢力不屈不撓的鬥爭，更為眾所周知。《生活週刊》被封了，來了一個《新生》；《新生》被封了，來了《大眾生活》；《大眾生活》被封了，又到香港辦了《生活日報》；《生活日報》移派上海不許出版，又辦了《生活星期刊》⋯⋯。他總是這樣再接再厲地與國民黨反動派作鬥爭。

韜奮先生在工作中不屈不撓的精神，就是這樣。

韜奮先生作風中的第二個特點，就是他對工作盡善盡美的精神。他平日作一件事，總是認真負責，謙遜虛心，兢兢業業，竭盡自己的心力，作得十分圓滿，從不苟且，從不拆爛污，從不敷衍了事，從不取官僚主義態度，他自己說，「我自己做事，沒有別的什麼特長，凡是擔任了一件事，我總是要認真，要負責，否則，寧願不幹。」這是一個最寶貴最值得學習的作風。關於這一點，我們可以舉出許多動人的例子來。比如他在求學時期，因家中無力接濟，常做家庭教師，以解決經濟問題。在常人，這本是救窮，儘可敷衍塞責，弄幾個錢就是了。但是韜奮先生不然，他「在執行家庭教師職務的時候，一點不願意存著『患得患失』的念頭，對於學生的功課異常嚴格，所毅然保持的態度是：『你要我教，我就是這樣；你不願意我這樣做，儘管另請高明。』」在接辦《生活週刊》時期，他更是聚精會神的幹，力求把刊物如何搞好。他接辦之後，首先改變該刊內容，「注重短小精悍的評論和『有趣味有價值』的材料」，並增設信箱一欄，討論讀者所提出的種種問題。每期的〈小言論〉，雖僅僅數百字，但卻是他每週最費心血的一篇。在文字方面，他自己說道：「我不願有一字或一句為我所不懂，或為我覺得不放心的，就隨便付排。校樣也由我一人看，看校樣時的聚精會神，就和在寫作的時候一樣，因為我的目的要使他沒有一個錯字。……每期校樣要看三次。有的時候，簡直不是校，竟是重新修正一下。」他對讀者的來信，盡力答覆，「把讀者的事看作自己的事，與讀者的悲歡離合，甜酸苦辣，打成一片；答覆的熱情，不下於寫情書，一點不肯馬虎，鞠躬盡瘁，寫而後已。」由於這樣認真負責，所以《生活週刊》很快就獲得廣大讀者的擁護，不到兩年，該刊每期銷數竟由兩千多份增至十五萬份以上，創造了全國雜誌銷數的最高紀錄。又如他在香港辦《生活日報》時，印刷條件太壞，他為了把報辦好，沒有錯字，每天晚飯後「親身到印刷廠去『坐鎮』，徹宵不睡地看著工人做，等到版子鑄好上了機器，然後才放心走出印刷所門口」。這是如何的負責呀！

所謂盡善盡美，還有一個意思，就是他在工作中有創造力，能隨時想出新的辦法，改進工作，比如他所辦的雜誌報紙：《生活週刊》、《大眾生活》、《生活日報》、《生活星期刊》、《抗戰》……等，其內容和編排都新穎動目，有自己的顯著的個性和特色，與眾不同。他自己關於編輯《生活週刊》的情形說道：「它的內容並非模仿任何人的，作風和編製也極力『獨出心裁』，不願模仿別人已有的成例。單張的時候有單張的特殊格式；訂本時候也有訂本特殊格式。往往因為已用的格式被人模仿得多了，更竭盡心力，想出更新穎的格式來。單張的格式被人模仿得多了，便計畫改為訂本的格式；訂本的格式被人模仿得多了，便計畫添加畫報。就是畫報的格式也屢有變化。」

韜奮先生對工作盡善盡美的精神，就是這樣。

正因為具有不屈不撓、盡善盡美這兩種優良作風，所以韜奮先生才能不斷前進，「時時站在時代的前線」；才能做到「富貴不能淫，威武不能屈，貧賤不能移」，才能做到在臨死的時候還要加入中國共產黨！正因為具有這兩種優良作風，所以，韜奮先生的活動和事業才獲得了廣大人民的擁護！

不屈不撓、盡善盡美的作風，也是對人民負責的作風。大公無私，給人民做勤務員的中國共產黨人，不用說，是要把韜奮先生的這種優良作風放在自己的寶庫裡面的。

《解放日報》三十四年七月二十四日

目次

生活史話

韜奮

生活書店的前身

生活書店的前身是生活週刊社。《生活週刊》是民國十四年十月由中華職業教育社創辦的。當時職教社的主任是黃任之先生，副主任是楊衛玉先生，我以半天時間在該社擔任編輯股主任，主持該社出版的《教育與職業》月刊，譯著職業教育叢書，及編著英文年刊。大家鑒於《教育與職業》月刊要每一個月才刊行一次，而且是偏於研究職業教育理論的比較學術性的刊物，於是想再出版一種週刊，每星期就可以刊行一次，專門用來宣傳職業教育及職業指導的消息和簡要的言論。我記得在一天由黃先生做主席的社務會議上（等於我們現在的業務會議或店務會議，每星期開一次），大家對這個問題加以討論，結果決定辦。接著大家即在會議席上想一個好的報名，你提一個，他提一個，經過相當的討論後，終於採用了楊衛玉先生所提出的「生活」兩個字。主筆呢？原來應該由編輯股主任擔任，但因為我太忙，所以公推新由美國學成回國的王志莘先生擔任，每月送他薪水四十隻大洋，其餘的文章由職教社同人幫忙，發行的事情由當時還在職教社做練習生的徐伯昕先生兼任。「生活」兩個字是由黃先生一揮而就的，也就是現在數十萬讀者所面熟的寫得強勁的典型的「生活」兩個字。最有趣的是後來辦《生活日報》，請黃先生在日報兩字之上，另寫兩個同樣的字，他寫來寫去不像，還是靠有藝術天才的伯昕先生依樣倣著寫出。

生活書店的前身——《生活週刊》——便這樣在距今十四年前簡簡單單地呱呱墮地了。

空手起家的《生活週刊》

生活書店的前身——《生活週刊》——可以說是空手起家的。這當然不是說毫無憑藉，無中生有，例如創辦的時候，雖只有主筆王志莘先生有數十元的薪水，其餘的像徐先生和我只是幫忙，但是我們都是中華職教社的職員，所以也可以說《生活週刊》是揩著職教社的一部分的油起家的。可是它是苦出身，並沒有一定的資金開頭，卻是事實，所以說它是空手起家，也未嘗完全沒有理由。

王志莘先生在美國學的是銀行學，所以他主編了一年，就脫離去做銀行家去了。我掮的是編輯股主任的名義，所以他走了之後，這副擔子就拋在我的肩上。這個「棄兒」在第一年中並看不出它有什麼大的前途，因為職業教育和職業指導在有些人看來似乎並不怎樣一般化、民眾化，訂戶當然說不到，報版也不起勁。有一次遇著運動場開運動會，由一位茶博士帶了一大堆立在門口分送——在當時是不敢想到賣得出的。印的數量雖有一千餘份，最大部分都只是分贈給職教社的社員。誰想得到在中國文化界受到千百萬讀者歡迎的「生活書店」，它是在這樣慘澹的情景中生長起來的！我應該老實說，我自己在當時也沒有看出這個「棄兒」有什麼遠大的前程，只是因為它是一個突然失去了保姆怪可憐的「棄兒」，我義不容辭地把它收容下來！可是我既把他收容下來，卻不忍薄待它，下次我將要告訴諸位它是怎樣生活起來的。

光桿編輯

《生活週刊》既是空手起來，它的編輯只配做光桿編輯，是一種很合於邏輯的現象。職教社的幾位先生，原來是可以幫忙寫篇文章的，但是因為他們各忙於原有的職務，所以慢慢地少起來，要向外徵文嗎？一文錢稿費沒有，刊物的銷路又很小，都是一時難以解決的問題。結果往往全期的文章，長長短短的，莊的諧的，都由光桿編輯包辦，並不是他歡喜這樣做，卻是因為出於萬不得已。但是這光桿編輯不幹則已，既然幹了，卻不願消極，卻不願怨天尤人，存著不高興或拆爛污的心理。他模仿了孫悟空先生搖身一變的把戲，取了十來個不同的筆名，每個筆名派它一個特殊的任務。例如一個叫因公，專做闡揚三民主義及中山先生遺教的文章，對「總理遺教」下一番研究工夫是他的任務。有一個叫心水，他的任務是擺出道學的面孔，專做修養的文章。有一個叫落霞，他的任務是譯述世界名人傳記或軼事。有一個叫孤峰，有一個叫秋月，有一個叫……分任各種各類的短篇文字。這樣一來，在光桿編輯主持下的這個「編輯部」，似乎人才濟濟，應有盡有！僅僅有了許多筆名是不會憑空生產出文章的，那時沒有聽到什麼「資料室」的名詞，補救的辦法是光桿編輯採用了「跑街」政策，常常到上海的棋盤街和四川路一帶跑，在那一帶的中西書店裡東奔西竄，東翻西閱，利用了現成的「資料室」，有些西文雜誌實在太貴，只得看後記個大概，請腦袋偏勞，有的也酌量買一點。奔回「編輯部」後，便怪頭怪腦地分配各位「編輯」的工作！

四毛錢一千字的特約撰述

上次所談的「光桿編輯部」，做文章絕對沒有稿費，那是不消說的。但是窮光蛋的野心卻不小，想到頗有敦聘特約撰述的必要，我們敦聘到的第一位特約撰述是畢雲程先生。既是特約撰述，照理應該我送薄酬，藉表謝意，於是經過再三慎重的考慮，每千字敬送名符其薄的稿費四毛錢！畢先生熱心之至，每次得到「靈感」，寫好一篇大作之後，就親自乘著黃包車送來，來往車費恐怕總是超出全篇稿費，可是他卻樂此不倦，一則因為他很敬重我們苦中樂幹的精神，二則因為《生活週刊》的讀者群已在擴大，他的卓見有許多人看到。

可憐的「棄兒」已漸露頭角了，不到二年，銷數由二千餘份突增到二萬份以上，膽子越弄越大，不但有了國內的特約撰述，而且有了國外的特約的通訊，最初兩位是在日本的徐玉文女士和在美國的李公樸先生。徐女士文筆順潔婉達，簡直可以一字不改，李先生寫得多而雜，但略經刪除潤飾，亦斐然可觀。他們兩位有個共同的優點，就是寫得非常的勤，源源不斷地來，同時光桿編輯和他們也經常有密切的通信，深深地感謝他們，熱烈的鼓動他們。當時國外的通信稿費是每千字大洋一隻，這也算薄得可以了，可是在「光桿編輯部」已是出了滿身大汗，不能想像有再高的酬謝了！

越弄越有勁兒，不但由國內四毛錢的特約撰述，發展到國外一隻洋的特約通訊，而且還有漫畫！由徐伯昕先生筆名吟秋的「免費」漫畫到倪綳賢先生五毛錢的特約漫畫，可算是應有盡有了！

光桿編輯兼光桿書記

《生活週刊》慚慚「繁榮」之後，最感覺得顯著的象徵是讀者來信也漸漸地增多。當時「生活週刊社」是中華職業教育社的一個附屬機關，總的責任在名義上皆由職教社的副主任楊衛玉先生擔負，但是因為他原有的事情已經夠忙，所以所謂「生活週刊社」的內部事情，在實際上最初就只是兩個半的同事幹著。除光桿編輯算一個外，還有一個是徐伯昕先生，還有半個是孫夢旦先生（他有一部分時間還兼任職教社的事情）。讀者的信件多了，光桿編輯不得不兼任光桿書記，自己拆信，自己看信，自己起草覆信，自己謄寫覆信（因要存稿）。忙得不可開交，但也樂得不亦樂乎。因為做編輯最快樂的一件事就是看讀者的來信，盡自己的心力，替讀者解決或商討種種問題。把讀者的事看作自己的事，與讀者的悲歡離合，甜酸苦辣，打成一片。當然，光桿編輯不是萬能，遇有必要的時候，還須代為請教專家，拿筆之外，還須跑腿，講到讀者來信的內容，真是形形色色，無所不有，有的因為夫人肚子大了，再三細問那一個產科醫生好，這還容易效勞；有的因為肚子大了要打胎，那就負不起那樣大的法律上的責任了，有一次我寫了三千餘字的一封覆信，說服了一個做未婚夫而萬端多疑的青年，終於玉成了他們一對快樂的小夫妻，他們於欣慰之餘寫信來說要把《生活週刊》作為他們快樂家庭的永遠讀物。有許多事，編輯當然有嚴守祕密的責任。這種對讀者的盡心竭智的服務是「生活精神」的一個重要因素，是生活書店最重要的基礎。此時只是萌芽，至於後來怎樣擴大起來，且聽下回分解。

生活與服務

服務是「生活精神」最重要的因素，也可說是「生活書店」的奠基石，它在《生活週刊》時代就已萌芽了。最初的表現是盡心竭力答覆廣大讀者的來信，當時我們的答覆的熱情不遜於寫情書，一點不肯馬虎，鞠躬盡瘁，寫而後已！最盛的時候，有四位同事專門擔任拆信與抄信的事情。讀者和我們真做成了好朋友，不但大大小小的事要和我們商量，在海外的僑胞和在內地的同胞，還時常寄錢來託我們買東西，買鞋子，買衣料，都在「義不容辭」之列，這當然需要跑腿，選擇，包寄，買得不十分對還要掉換；麻煩雖是麻煩，但是寥寥幾個同事卻沒有絲毫煩躁或不高興的意識。簡直跑得愉快，麻煩得愉快！他們為什麼不信託別人而卻那樣信託我們呢？這是本刊在讀者中所建立的信任心。所代買的東西之中，書報佔最大部分，其初我們只是由同事兼帶照料，後來愈來愈多，兼帶不了，於是才於民國十九年設立「書報代辦部」，對讀者還是純盡義務，不過與同行立有合同，用特殊批發折扣的一些收入作該部一部分的開銷。最初主持書報代辦部的是嚴長衍同事。這「書報代辦部」是附屬於「生活週刊社」的，它可算是「生活書店」的胚胎。最可注意的是它的產生完全是「服務」做它的產婦，服務成為「生活精神」的最重要的因素，這不是憑著口說說的，是的確有著他的可寶貴的歷史。

「生活書店」的發達，當然有許多主觀和客觀的條件，但是服務精神，鞠躬盡瘁的服務精神，在千百萬讀者好友心坎中播下的種子，是最重要的一個因素，這是我們所不能否認的，這是我們所應永遠記取，發揚光大的。

《生活週刊》的發展

竭忠盡智的服務精神，是「生活精神」的一個非常重要的因素。它的萌芽，在上次已經談到。這種服務是隨著《生活週刊》的發展而發展。但在繼續敘述這種服務的發展情形以前，不得不回轉來先談談《生活週刊》的發展，《生活週刊》是創辦於民國十四年十月，我的正式接辦是在十五年十月，最初只是一單張，慢慢兒擴展到一張半，至十八年五卷起，才擴展到本子的格式。本子格式可算是《生活週刊》的一個新紀元，在這新紀元以前的三年（自十五年至十八年）間可另成一個時期。《生活週刊》在三年間從二千餘份增加到四萬餘份，它的聲譽，一天天隆盛起來，讀者群一天天廣大起來。在上海辦報，一般的說來，在報紙本身是要賠錢的，全靠廣告來彌補。我們的這個小小週刊幸虧非常節省，勉強支持，但是要發展卻非另有籌款辦法不可，職教社籌措教育經費已經感到焦頭爛額，絕對沒有餘力顧到，唯一辦法只有「自力更生」！由一張加到一張半，不是一想就辦到的，我和伯昕先生商量又商量，一方面充實內容，推廣銷路，一方面努力拉廣告，經了好久時間，才把這個願望實現。要由一張半加到本子格式，不但要增加篇幅，而且還要加上訂工，是個更大的難關，更不是一想就辦到的，我和伯昕先生商量又商量，一方面更充實內容，更推廣銷路，一方面更努力拉廣告，又經了好久時間才把這個願望實現。此中甘苦，饒有趣味，趣味何在，請看下回。

第一批同事的增加

《生活週刊》自民國十八年的第五卷起才勉力印成本子的格式，在本子格式以前是單張的，（由一張加到一張半）我把這單張時期稱為《生活週刊》的第一個時期。自十五年至十七年，這二年間是由二個半人勉力辦著，到十七年的十月，黃寶珣女士是加入的第一人。黃女士的加入可說是頗為偶然的，因為我向來辦事業，策勵自己的有一件事，便是不用自己的親戚，黃女士與我有內親的關係，原來是不會加入的，但是當時本社還是由職教社副主任楊衛玉先生主持，用人之權是屬於他的，所以是由他請進來的，我事前並未參與。那時經濟當然非常困難，她算是起碼職員，每月大洋十八元，膳宿自備。當年十一月，第二位加入的是一位十三四歲的矮胖胖怪結實的小弟弟，名叫陳鳳芳，就是現在得力幹部之一的陳其襄同事。他的來源頗有趣。《生活週刊》隨處都遇著好朋友，他的叔父做郵差，常常為我們送遞郵信，是我們的讀者，也成了我們的朋友。他說有個姪子很好，約來一見，大家贊成，成了本店練習生的開山鼻祖！這時，原來的半個人現在也成一個人，我們一共有了五位同事。擁擠在上海法租界辣斐德路四四二號的一個過街樓上一個小房間裡，擠擠（不是濟濟）一堂，怪熱鬧似的，除五位同事外，還有二個社工，是職教社的社工兼做幫幫忙的。

當時還有一位朋友非常熱心幫助我們，現在也是我們的得力幹部之一，那就是當時尚在交通印刷所中任事的陳錫麟，就是現在的陳雪嶺同事。當時因為《生活週刊》的銷數很大，我們是交通印刷所的一個主要的主顧。雪嶺當時還是一個小弟弟，對我們的事業非常熱誠，我對排樣及校對非常疙瘩，一不對就要親往印刷所辦交涉，他對我們的事情非常熱心招呼，誠懇可感，我心裡已把他當為我們自己的一位同事看。

怎樣擴充起來

我上次同諸位談及《生活週刊》第一個時期中（自民國十四年至十八年）第一批同事的增加。第二個時期是民國十八年由單張擴充到本子的時候。《生活週刊》改為本子之後，內容更充實，銷數突增至八萬份，隨即增至十二萬份，後來竟增至十五萬份以上，為中國雜誌界開一新紀元。所以就本店的事業說，可以算是劃一新時代。

擴充要有錢，也就是現在大家所常談起的所謂資金。可是當時我們兩手空空，怎樣擴充起來呢？許多讀者寫信來要求改成本子，我們向來是非常重視讀者意見的，我和伯昕先生下決心改成本子，但是錢這東西卻不是可由我們下一決心就能到手。伯昕先生常常在算盤上打來打去，我常常和他商量又商量，我們的「決議」是只有自己設法的一條路走（當時「自力更生」這個名詞還未時髦）。一面推廣銷路，一面設法大拉廣告。伯昕先生每天夾著一個黑色皮包，裡面藏著不少宣傳的印刷品（這都是他一手包辦的），他不但有十二萬分的熱誠，而且還有一副藝術家的本領，把宣傳材料做得怪美麗，怪動人，東奔西跑，到各行家去用著「蘇張之舌」，盡遊說慫恿的能事，真是「上天不負苦心人」，廣告居然一天多一天。我們看到沒有一家報上不登「韋廉氏醫生」的紅色補丸，以及其他形形色色的補品東西，我們也轉著它的念頭，想向他們拉一個廣告來「補」一下，這是洋人辦的賣藥公司，因為我懂得幾句洋話，於是由我出馬，跑到江西路那家「洋行」裡去闖它一下。事情雖然成功，經過卻頗費周折，詳情如何，又要請諸位且聽下回分解。

拉洋廣告

我上次答應諸位，要繼續談一談拉洋廣告的事情。諸位如有人看過拙著《經歷》，也許記得《申報》經理張竹平先生在我剛從學校出來之後，很有意要把我練成一個英文廣告員，也就是要去拉英文廣告，因此他曾經把一些訣竅告訴了我。第一是要不怕難為情，第二是要不怕麻煩，第三……甚至說拉廣告時要有不怕被人趕出來的決心！我這次出馬往韋廉氏去替《生活週刊》拉廣告，雖未準備被人趕出來還賴在那裡，但卻預先存有不怕難為情，不怕麻煩的態度去。

該行的總經理聽我囉囉嗦嗦說明了一大頓後，他叫一個中國買辦來問一下，你想他說什麼，我暗中真想打他一個耳光，他說這個報銷路雖好，但是一個小報！（洋話叫做蚊蟲報）他這樣拖一句，幾乎破壞了我的好事。他滾出之後，我又費了九牛二虎之力才把這位洋經理說回來，由他介紹一位洋人經理接下去談具體條件。商人講價錢是要不怕煩麻的，我因為得到他們總經理的允登，更大膽地和他們這位洋經理作膠著戰，首尾去了二小時，居然把洋合同訂好！每期登全頁四分之一的「大」廣告。

我走出這家洋行的時候，正落著傾盆大雨，大得異乎尋常，但是我邊走邊對自己發笑；拉到了大廣告，真不在乎甚麼大雨！我出了大門，跨上了一輛黃包車，不料那輛黃包車的篷布破爛不堪，滴滴答答，淋得我滿身透溼，從頭髮淋到腳底，可是我跳進我們那個小小過街樓時，笑嘻嘻地告訴徐先生說：「洋廣告拉到了！」

大拉廣告與自力更生

我上次談起拉洋廣告的事情，雖是在胚胎中的本店的艱苦奮鬥史中的一個小小的插話，不過這只是偶然的一件事，其正為我們大拉廣告的還是伯昕先生。現在有些外人不明白本店歷史的——尤其是奮鬥史——。往往把尋常的商店必須相當資金才開起來的事實，來對我們作不合理的懷疑，其實我們的發展的確是靠我們的「自力更生」，這當然是靠全體同人的努力，但在篳路藍縷，基礎更為薄弱的時期，伯昕先生聚精會神，為本店努力開源的艱辛，實在值得我們永久的敬念。他當時替薄薄的一本《生活週刊》所拉的廣告，每期所登在五六十家以上，而且像煞有介事，限制非常的嚴，略有迹近妨礙道德的廣告不登，略有迹近招搖的廣告不登，花柳病藥的廣告不登，迹近滑頭醫生的廣告不登，有國貨代用品的外國貨廣告不登，這樣不登，那樣不登，但是一方面由於銷數的增加，一方面由於伯昕先生的手段高明，廣告仍然大大地發達起來，引起上海整個廣告界的震驚。在上海報界做廣告業務的，往往最初替報館工作，等到發達，總是宣告獨立自辦廣告公司，大發其財。我曾在上海幾家報館裡做過事，親見有幾個廣告界「大亨」，因為廣告的「康蜜花」實在是再「甜蜜」不過了，而且廣告界做生意，往往講交情（即對拉廣告者），不注重機關，這也是給個人發財的一個鼓勵，所以廣告做熱了，做得發財了，總是要撇開公家而走上個人藉此發財的道路。但是伯昕先生始終沒有絲毫替他自己打算，始終涓滴歸公，使本店在奠定最初的基礎上得到一個有力的臂助，這在本店的功績，是永遠不朽的。大拉廣告的妙用還不止此，請待下次補充。

廣告的廣大聯繫

拉廣告似乎是一件很簡單的事情，其效用似乎也很簡單，多拉幾家廣告，好像只是替本店胚胎時期多收入幾個錢就完了。其實不然，因為伯昕先生的作風，即在拉廣告之中，也替本店廣結善緣。替本店創造了無量的同情和友誼，他完全用服務的精神，為登廣告的人家設計，我從前已經說過，他是具有相當的藝術修養的，獨出心裁替廣告的人家作義務設計，做得人家看了心滿意足，欽佩之至。不但把它登在我們的刊物上，而且在別處的廣告（登在各日報上的廣告）也用著同樣的底稿，每次總是迫切地期待著我們的設計。因此我們的廣告多一家，便好像多結交一位朋友，他們對於我們的服務精神，都得到非常深刻的印象，在平日固然繼續不斷地登著長期的廣告，遇著要出特號，需要增加廣告的時候，只要伯昕先生夾著一個大皮包，在各處巡迴奔跑一番，便「滿載而歸」。

在那個時候，我們的經濟基礎是異常薄弱的，要請一位同事設計廣告，是絕對不可思議的事情，幸虧有了多才多藝的伯昕先生，簡直「出將入相」，出門可以到處奔走拉廣告，入門可以坐下來製圖繪畫，替各種各類的商家貨物寫有聲有色的說明！他如果只為著自己個人打算，撇開我們這個艱苦的崗位去替自己開個廣告公司，至少他是一個小小的財主了，但是他的滿腔心血都灌溉到本店的經濟基礎上面去；為了集體的文化事業，忘記了他自己的一切要求。但是我們如果放大眼光，為國家民族的文化著想，為一個文化機關培植基礎，比個人成功一個財主兩相比校，其貢獻於社會乃至人類孰大，卻無須我們解釋而已可瞭然的。

賺錢幹什麼？

要把單張的《生活週刊》改成本子，要有錢；要開展事業，要有錢；要增加同事以分任過忙的工作，也要錢，所以我們天天想賺錢，大拉廣告也是賺錢之一道。

賺錢幹什麼？全是為著事業。我當時和伯昕先生憨頭憨腦地立下一個心願，就是把所有賺來的錢，統統用到事業上面去。屢次增加篇幅，出特刊，一個錢的價格不加，刊物內容要有精彩，稿費大加特加，最初四毛錢一千字的稿費，後由一元，二元，三元，四元，五元，六元，七元，八元；乃至十元！（較多的是海外寄來的通訊，因為洋麵包特別貴，非重費難得著好稿。）在當時，全國刊物中所送稿費最大的是推《生活週刊》了。這種種開銷的錢從那裡來的呢？都是我們從營業上賺來的。我們拚命賺錢，拚命用錢，但是賺錢卻堅守著合理正當的途徑，絕不賺「不義之財」，例如拉廣告是賺錢之一道，但是登廣告的條件卻非常嚴格，（這在以前已說及）不肯為著老孔（指孔方兄，勿誤會！）而有絲毫的遷就。用錢也不是浪費用，卻是很認真地用到事業上面去。

說到這一點，我們不得不對中華職教社的幾位前輩先生——黃、江、楊三位先生——致最崇高的敬禮，在民國二十二年以前，《生活週刊》還未獨立以前，還是附屬於職教社的；當時雖已會計獨立，但在事實上還是歸職教社管理的。職教社是靠捐款辦職業教育的，經濟原不充裕，而且是常在拮据之中，可是他們重視這一部分的事業，從來沒有把我們所賺的錢移作別用，卻聽任我們把所賺的錢完全用到本身事業上去。

第二批的老同事

我曾經說過，民國十四年至十八年的四年間，可以說是生活週刊社的第一個時期，到民國十八年《生活週刊》由單張改成單本的時候起，可以說是生活週刊社的第二個時期的開始，因為從那時起，《生活週刊》的銷數突增至每期十二萬份以上，一切都隨著有了長足的進步。在這樣的基礎之上，民國十九年附設了一個「書報代辦部」，嚴長衍同事就是專被請來主持這件事的，因為這方面業務逐漸擴大，人手太不夠了，伯昕先生早就常常說起非添一個同事不可，他在跑廣告及在外面與同業接洽業務的時候，就時常留意相當的人才，不久便把嚴長衍請來了，他對於書業是富有經驗的，我們得到這樣一位同事襄助，真是歡天喜地。到了民國二十年，寒松同事也來參加我們的事業了。現在大家喜稱他為「老艾」，「老艾」和我們的事業發生關係的緣起，追想起來也是怪有趣的。他原是我們的一位熱心讀者，他在復旦大學剛畢業的時候，以讀者的姿態寫一封長信給我：討論當時所感到的關於青年和國事的問題。我看了覺得這是一個不可多得的人才，趕緊覆一封信寫到復旦大學去請他面談，可是被郵局退回，說並無此人。他在那封信裡怪作劇，署的不是真名卻是何某某（後兩字我記不得了），我當時以為真名，遇著復旦大學來的朋友就探問何某某；都說不知道。我雖常常想起他，但以為他已不在人間！我後來把他的那封信略加刪改之後，並略加附語，登在《生活週刊》上。據他後來告訴我說，他有一天在馬路上和幾位朋友正在大兜圈子，偶在報攤上看到，知道我要看他，便飛跑地來看我。看後情形如何，留在下次再談。

請不起三十元一月的總務主任

我在上次談起寒松是於民國二十年加入我們這一群的。但是這件事卻不很簡單，《生活週刊》在民國十八年由單張改成單本之後，雖已踏上了更向前發展的第二個時期，羽毛似乎較前略豐了，但是仍然是很窘苦的。我們當時雖很想正式請老艾加入，可是經濟力量不夠，還是力不從心。這並不是因為老艾在物質上提出了什麼高的要求，一點沒有，因為他是完全以熱烈的同情心來想加入共同努力的。他當時只需要三十元一月的生活費就夠了，可是說來慚愧，我們再三考慮，依據當時「總的經濟」，還是無法決定。於無辦法之中想出一個辦法，我和他商定每期由他替《生活週刊》寫一篇關於青年修養的文章，把稿費湊成三十元左右，同時在辦公室裡加一張辦公桌，請他來辦公！這似乎太難為了他，但是他並不計較，很誠懇地替我們努力。他原號滌塵，在第一篇文章上叫我替他取個筆名，我就隨意代取寒松兩個字，這就是寒松之由來。他又很虛心，有時我覺得他的文章需要重寫，他就重寫，三寫他就三寫！以這樣菲薄的待遇，在工作上又這樣苛求，而老艾總是誠誠懇懇地幫助我們，這真不愧是一棵「歲寒然後知松柏之後凋也」的「寒松」了！我們當時本想請他擔任在我們算是破天荒的總務主任（以前沒有），但是月送三十隻大洋，還要以稿費補充，還要說什麼主任不主任，實在說不出口，所以並沒有對他說出什麼名義，他亦不知道什麼名義，只是熱心幫我們工作就是了。我還記得我們寥寥幾個人擠在一個小小房間裡開什麼「業務會議」，圍坐在一個極小圓桌的周圍，真做到了「促膝」的程度，在這裡面你也可以看到兩目炯炯光著頭的老艾，一腔熱誠在他怪慢的一字一句都下著重音的話語裡表現出來。

人才主義的用人政策

我在上二次曾經談及最初幾次添請同事的情形，在這裡面可以看到當時的窘苦，也可以看到我們事業的逐漸發展，但是還有一點尤其重要的，是我們一開始就算定了人才主義的用人政策。我自從全權主持《生活週刊》之後，始終堅決地不介紹自己的親戚，也可以說不用私人的任何關係而作為用人的標準。這也許有人要覺得矯枉過正，但是，為著掃除封建餘毒，甯嚴毋濫。這一點在我前幾次的敘述裡也可以看出的。這種人才主義的用人政策，已成為本店在用人方面的一種傳統的精神。我們的事業發展到了今天的規模，同人的數量較前增加了百餘倍，在人事問題上當然比較以前複雜一些，但是和其他機關比較一下，便知因私人的關係而傾軋排擠的惡習慣，可以說是沒有，在比較負重責的人從來也不因任何私人的關係而感到棘手：這都是由於這個傳統精神作用。

除了極少數在社會上服務多年，在事業上已有昭著成績的人，我們依著事業的需要聘請進來之外，最大多數的同事都是經過考試手續的，一方面根據業務上的實際需要，一方面根據應考者的實際能力，加以公正的考慮。現在本店有許多得力的幹部，其學識能力都能超過任何受過國內外大學教育的人，都是由考取本店練習生升起來的。這種極可欣幸的現象，就是人才主義的用人政策的結果。因此我們這一群一心一德親密誠摯的同事，是人才的集團，是事業的共同目標所吸聚，而不是由於任何私人的關係而聚集的。這可以說是本店事業所以得到相當成功的最重要的因素之一。

第一件轟動的事

日本強盜在「九一八」開始掠奪我國的東北國土，引起了全國愛國同胞的憤怒霹靂一聲，坐鎮黑龍江的馬占山將軍奮起抗戰，嫩江戰役震動了海內外同胞的心弦，生活週刊社也大聲疾呼，號召讀者為馬將軍和他們所領導的民族戰士捐款，登高一呼，萬山響應。當時我們的辦公處已移到環龍路中華職業教育社所造大廈的底層，另闢獨立的門戶，進門二三步就有一個木製的櫃台橫著，櫃台上面裝著一排矮欄，每日隨著東北馬將軍抗戰的緊張，門口擠滿了男女老幼的熱心讀者，數十成群，繼續不斷，爭伸著手把鈔票，洋錮，角子，乃至銅板，紛紛交入，讀報的孩子與賣菜的鄉下老伯伯，都擠在裡面慷慨捐輸，那種熱烈的情形，真使人永不能忘。我們僅僅十幾人的全體同事全體動員，收錢的收錢，記錄的記錄，打算盤的打算盤。大家忙得喘不過氣來，十多架算盤的的搭搭算到深夜二三點鐘，把姓名和數目趕著送到日報去登廣告，第二日全張四分之一的大廣告赫然顯露了。登廣告的錢是我們平日的熱心廣告戶應我們的請求而捐送的。這樣熱鬧了好幾天，捐款竟到十五萬餘元之多。當時不僅轟動了全滬，簡直轟動了全國！最有趣的是上海的全國總商會也在發起捐款，第一天也和我們同樣地在日報上登出捐款者姓名數目的廣告，但是第一天就不及我們的一半大，第二天更小，他們覺得不好意思，不再登報了！在踴躍捐輸的讀者中，有年僅二十歲左右的「粵東女子」獨將父母遺產全部二萬五千元捐給馬將軍抗戰，社會上都在紛紛揣測誰是這位「粵東女子」，她曾經親來見我一面，但不願公佈姓名，這是一件夠令人轟動的義舉，她可說是擁護抗戰國策最早最力的一位女先鋒！

第二件轟動的事

第二件轟動的事情是發生在「一二八」淞滬抗日之戰。這一戰役給予全國同胞的興奮，並不下於黑龍江嫩江一役。因此生活週刊社門口捐款的擁擠，其熱烈情形也不下於我們為馬占山將軍損款的時候。不過為馬將軍捐款時，我們因遠在上海，只須設法把款匯往黑龍江就行；這次戰役，卻近在上海，我們同時還參加了戰事後方的服務，根據戰士們的實際需要，同後方的機關採購種種需用品，押送到前線去，所以忙上加忙。同時因為我們的讀者對我們特別信任，我們辦事處裡的電話機上的鈴聲響個不斷，「喂！戰事有何消息？」剛回答了一個，第二個又繼續地接上來，我們這號稱全體而實際只有十幾個人的同事，不得不輪流在電話機旁服務，甚至在深夜還有許多讀者來「喂！」我們不但不以此為麻煩，而且感覺到深深的榮幸，很誠懇地很客氣地回答了每一個讀者在電話中的詢問。幸而我們不但有人參加了後方的服務，和軍事的後方機關有密切的接觸，而且戰地記者也有不少是我們的熟友，所以在戰事消息方面的確有「獨到」之處，尚不辜負讀者對於我們的特殊信任。除在電話裡不斷地為讀者服務外，因為有許多讀者經過我們的門口時，往往都要彎進來問問最近的戰事消息，尤其是在下午以後沒有報看的時候，於是我們每天居然寫了幾次大張的「號外」，在門口專備的大木板上貼著，報告最近的軍事消息，在那裡你常常可以看到數千成群的讀者靜悄悄地仰著頭細細地看著。他們對於我們的「號外」的信任，超過對於任何日報的「號外」。在這樣鼓勵之下，我們同事儘管縮短睡眠，疲於奔命，但是精神上的愉快卻是無法形容的！

第三件轟動的事

第三件轟動的事情就是《生活日報》的招股，招股原是一件很平常的事情，有何轟動之有？但是《生活日報》的招股卻有它的特殊的情形。首先，《生活日報》的發起是應許多讀者長時期中的要求。並不是由少數人憑空想辦的，所以一旦公佈招股，便有著非常蓬勃的氣象，數千份招股章程放在門內櫃台上，幾乎瞬息精光！許多讀者因為信任《生活週刊》，都希望能有一個具有同樣精神的日報，都抱著滿腔熱誠來投股，所以在一月左右便達到十五萬元以上。十五萬元的數目似乎也並不足以驚人，但是你如果想到這是數元數十元湊集而成的，便可以想見這裡面所包含的熱血肝膽，實在不是任何數目字所能測計的！我們沒有大股東，而股東的數量卻是幾千人，布滿著海內外的各角落！許多讀者都在十分殷切地盼望著這個日報的早日出現，我們也在懃懃懇懇地準備著一切。今天接洽印刷機，明天研究健全的組織，後天討論報的格式與內容。那時我們的心情，真是好像在辦理什麼天大的喜事！但是正在蓬蓬勃勃之際，卻因「迫於環境」而不得不中途作罷，我自己也不得不出國。當時因為開辦遙遙無期，所以把已招得的股款完全發還，並且把存款於銀行所得的利息，也一併歸還給投股者。我們在經濟上弄得清清楚楚的，一毫不敢苟且隨便，但是不能如許多讀者多年的期望，創辦一個他們所想望的日報，這個歉忱是至今還深深地存在著（後來在香港試辦的《生活日報》，是由本店單獨試辦的，詳情見拙著《經歷》一書中）。

少不了的會計師

關於上幾次所說的幾件「轟動的事情」，都是有關於經濟的事情，也就是關於銀錢經手的事情，關於這方面，本店有一個特點，就是必須請會計師查賬，出證明書。除《生活日報》的股款本息全部歸還外，為馬將軍捐的款，為十九路軍捐的款，都經過上海潘序倫會計師查賬證明無誤。我們都根據會計師的證明登報宣布及印發徵信錄。我們認為這個手續非常必要的。這不但是本店保持讀者的信任所必要的手續，而且即我個人也受其賜，因為後來有人企圖破壞我在社會上的信譽，公開用文字誣衊，說我把替馬將軍捐的鉅款吞下來，用來辦書店，並用為出國的費用，但是我不怕，因為我們再把會計師的證明書製銅版在報上公佈，什麼陰謀都無所施其伎倆。

不但關於上述的幾件事而已，自從本店開辦以來，每年度的收支，都請會計師查賬出證明書，即在抗戰以來的賬目，雖因遷徙無定，未能早查，但最近也逐一由會計師清查了。少不了的會計師，他是我們經濟上絕對誠實的證人。我們向來是要請教他的。我們對同事向來是經濟公開的，最重要的就是有會計師的查賬和證明書。我們的事業是由艱苦中產生出來的，我們的同事所以能在很艱苦的情況中共甘苦，共同奮鬥，固然是由於有著為進步文化而努力的共同目標，同時也因為我們大家都是靠工作取得生活費，沒有不勞而獲的份子，並因為我們的經濟公開，偶有一部分的贏餘，也是用到發展事業的上面去。甚至因為歷年的資金不夠，應分的一些股息和一些紅利，都一古腦兒用做事業的維持費和發展費，大家並無怨言，也是由於請教了少不了的會計師！

長足的發展

我於民國二十二年六月間出國，但是本店在我出國後，由於諸位同事的努力，在我出國後的第二年間，不但不衰落，而且有著長足的發展。伯昕先生的辛勤支撐，勞怨不辭，諸同事的同心協力，積極工作，愈之先生的熱心贊助，策劃周詳，以及雲程、仲實諸先生的加入共同努力，為本店發展史上造成最燦爛的一頁。試舉其犖犖大端：（一）雜誌種類大增，有《文學》、《世界知識》、《婦女生活》、《太白》、《譯文》、《生活教育》等等，都是風行一時，萬人爭誦，雜誌訂戶亦隨著突飛猛進。（二）本版書大增加，我們最初是已經售外版書為大宗，這時自己也有了編印本版書的計畫。（三）郵購戶大增。（四）創製全國出版物聯合廣告，首創十大銀行免費匯款，以便讀者訂購書報。（五）同事人數由二十人左右突增至六、七十人。（六）租賃四馬路店址，並在該屋三樓之上自建四樓。

《生活週刊》雖因文字獲罪而停辦，但由杜重遠先生接下去創辦《新生週刊》，由寒松先生相助，內容精彩，風行海內外，成為一支銳不可當的生力軍。中間雖因文字觸怒了日本強盜，不幸夭折，但是由此更暴露了日寇對中國的橫蠻，引起了全中國的愛國同胞的憤慨，引起了全世界同情中國人士的正義感，實為我國後來神聖抗戰奠下了一塊基石。

我於民國二十四年八月間回國，我下船後第一件事是眼眶裡含著熱淚奔往獄裡去慰問杜先生，隨後跑到四馬路本店裡，和每一位同事親切的握手，出國時只有十幾位同事，回國時竟看到六、七十位同事，握手就握了不少時候！我在那短短的半天裡，真是悲喜交集！

驚風駭浪中邁進

我回國後，又請到文壇大將金仲華先生加入本店，是本店的一大幸事。但此時日本帝國主義對中國的侵略暴行，已日逼日緊，全國的愛國怒潮正在日趨澎湃之中。這是當時整個中國的危殆局勢，但是在本店的小範圍內也有一件十分焦慮的事，就是伯昕先生因勞苦過度，肺病甚危，我奔到他家裡去看他的時候，他已不能行動，上氣不接下氣的激烈地喘著，那真是不得了！他在這樣危殆的情況中，還念念不忘店事，還不肯拋棄一切去養病。我極力勸他暫時往莫干山靜養，他堅持不肯，我想除了強制執行外，沒有其他辦法，特請張銘寶先生（雪嶺同事的老兄，原在交通印刷所任事，此時在兩路局任事，也是本店的一位熱心老友）代為布置一切，第二日把伯昕先生「押解」上山！強迫養到年底，他居然完全恢複了健康。這個小波瀾總算安穩渡過了。

但是大波瀾卻在繼續增高中。為著推進救國運動，在這時期，我們辦了每期銷數最多時達二十萬份的《大眾生活》，承辦了促成全國團結一致對外的《生活日報》。二十六年「八一三」神聖抗戰爆發，本店為著努力抗戰文化起見，許多同事不得不分配到內地各重要據點去工作。我們因限於資金，各位同事只是以數百元作為一個新據點的開辦費，號稱經理，實同士兵，在沒有旅館可住的地方，初到時往往即在碼頭上露宿一宵！有一次有位「經理」因船擠被擠下水，幸而得救。這種苦楚的生涯，只有我們同人自己知道的。即在上海將分散到內地去的時候，計畫已定，而盤費無著（一時沒有現款），還是臨時靠伯昕先生設法做了一筆紙生意，出於意外地賺了三千塊錢，才把這個難題勉強解決。我們這樣艱苦創造的事業，還有人疑心我們的「經濟來源」，冤乎不冤！

如有天理，本店是應該永久存在的，本店史話當然非目前所能終了，但是抗戰開始以後的情形，為時較近，知道的多，不必就說，至於將來永續不斷的店史，卻有待於可畏的後生，區區談到這裡，要同諸君告別了。

二十九，四，十七晚，十時

生活史話補續

韜奮

蔣黨進一步壓迫，《生活》仍保持英勇公正邁進的態度

關於《生活週刊》的始末詳情，我在《經歷》及《事業管理與職業修養》兩書中都曾述及，在這裡不想多說。簡單說起來，該刊最初是由中華職業教育社所創辦，旨在宣揚職業指導和職業修養，後來由於時代的需要和內容的進步，漸漸推廣到實際的社會問題和政治問題。在九一八事變以後，對於民族解放的倡導及不抵抗主義的嚴厲攻擊尤不遺餘力，超出最初創辦者所規定的宗旨，有獨立經營的必要。可感謝的是中華職業教育社諸先生慨然允許其獨立。由《生活週刊》社全體同人組織合作社，獨立續辦，後來成為進步文化一支強有力的生力軍的生活書店，即濫觴於此。

當時《生活週刊》風行海內外，聲勢日大，不僅在交通比較便利的城市可以隨處

見到，即在內地鄉村僻壤及遠在異域的華僑所在地，也隨處可以見到。最有趣的是不但承蒙許多熱心讀者自動介紹訂戶，而且訂戶還有傳代的，父親歸天，兒子還要接下去！

當時的生活雖在這樣蓬勃洶湧形勢之下，在實際上每期銷數也不過十五萬份。這個數量在外國出版事業發達的地方可謂渺乎其小，但在中國卻好像已屬驚人。當時有女作家蘇雪林女士把這個事實向胡適之先生提及，胡先生不信，說據出版界邵某說，《生活》每期不過二萬份而已，認為無足重視。其實事實勝於雄辯，不值得爭辯，事實上當時因紙張成本太重，一部分要靠廣告收入貼補，為增強廣告戶的信任起見，我們曾將郵局寄證及報販收據製版印出證明。《生活週刊》共辦了八年，當時的政府如與胡適之先生有著同樣的意見，它的生命也許還可以長些，不幸《生活》被他們重視起來，尤其是蔣介石，在《生活》第六年的時候，他親下「手諭」禁止郵遞。

本埠——上海——銷售只是佔全部一小部分，最大部分是要由郵局寄往外埠的，所以禁止郵遞，當然是刊物銷路上一種嚴重的打擊。怎麼辦呢？當時《生活》自問對於政府只有在政策上批評的態度，並沒有反政府的態度，所以首先從解釋誤會下手，由國民黨的黨國元老，向來關心文化事業的蔡孑民先生兩次致電蔣介石解釋，蔣介石兩次回電拒絕，咬定要禁止郵遞，蔡先生雖非常和我們表同情，也無可如何。我們還在無辦法之中想辦法。任之先生認識黃膺白先生（郛），乘他見蔣介石之便，托他代為疏通，蔣介石拿出一厚本合訂起來的《生活週刊》，那上面把批評政府的地方都用紅筆劃了出來，他認為批評政府就是反對政府，所以絕對沒有商量之餘地。這樣看來，郵遞這條路是要斷絕了！郵遞斷絕，刊物也就不免壽終正寢了！

但是一方面由於讀者群眾同情心和協助力量的偉大，一方面由於當時所謂特務工作還不及現今的猖獗——尤其是對於文化事業。郵局寄遞雖受了無理的禁止，但是交通機關，如鐵路、輪船、民航等等地方，隨處都有深切同情熱心協助的讀者幫忙，一大捆一大包的運輸出去，銷路不但不因此減低，反而經常增加起來，並且延展了二年的生命，直至我出國之後若干時候才被封閉（封閉之後，摯友杜重遠先生接著辦《新生週刊》）。

且說《生活週刊》雖在禁郵的情況下保持著它的英勇公正邁進的態度，但是在當時即站在團結抗戰民主運動的最前線，愈益受到當道的嫉視，無寧說是意中事。

真有生命力的刊物，和當前時代的進步運動是不能脫節的。但是由於環境的壓迫，它的艱危的程度也往往隨著增加。（《患難餘生記》三—四頁）

再接再厲，繼《新生》而撐起光芒萬丈的火炬

我在上面提及過，我出國後《生活週刊》即被封閉，摯友杜重遠先生即接著創辦《新生週刊》，在精神上是和《生活》一致的。這好像我手上撐著的火炬被迫放下，同時即有一位好友不畏環境的艱苦而搶前一步，重新把這火炬撐著，繼續在黑暗中燃著向前邁進。我在海外聽到這個消息，真是喜而不寐，我從心坎裡深深感謝杜先生。但是我於一九三五年五、六月間在美國旅行到芝加哥時，突然在芝加哥最著名的論壇報上看到長電，詳載「新生事件」的發生及杜先生含冤入獄的情形，初則為之驚愕，繼則為之神傷，珠淚奪眶而出，恨不能立生雙翼，飛至獄中抱著杜先生向他極力安慰一番。

杜先生的愛國文字獄加速了我的歸程，我於當年八月間回到上海，一到碼頭，別的事都來不及聞問，第一件事即將行李交與家人之外，火速乘一輛汽車奔往杜先生獄中去見他。腳剛踏他的門檻已不勝其悲感，兩行熱淚往下直滾，話在喉裡都不大說得出來！我受他的感動，倒不是僅由於我們友誼的篤厚，卻是由於他的為公眾犧牲的精神。

杜先生身在獄裡，他所創辦的《新生》也夭折了，我於是籌劃創辦《大眾生活週

刊》。當時是九一八事變後的第五週年，華北五省等於繼著東四省而送卻，而來日大難，方興未已，救國運動和妥協陰謀兩方面的鬥爭日趨尖銳；另一說法，也就是停止內戰以團結抗戰的主張和寧願妥協不願停止內戰的成見，這兩方面的鬥爭也日趨尖銳。愛國的熱火在每一角落裡每一個愛國同胞的心坎裡燃燒著。當局雖盡力壓抑，亦有難於禁止之勢。《大眾生活》便在這樣形勢之下，接著《新生》而撐起光芒萬丈的火炬，作為千萬愛國者的代言人和計畫者——它的產生正是震動寰宇的「一二九」學生救國運動和全國澎湃沸然莫之能禦的如火如荼的救亡運動的前夕。

《大眾生活》每期銷數達二十萬份，打破中國雜誌界的紀錄，風行全國，為每一個愛國青年所愛護，為每一個妥協陰謀者所震懾，不是偶然的，因為它是與當前時代最進步的運動——救亡運動聯結在一起的。參加救亡運動的重要作家和熱心青年，他們的重要著作多在這個刊物上發表，這個代表時代性的刊物，它的內容是和當前時代的進步主潮息息相關，有著非常密切的關係。（《患難餘生記》八—九頁）

不怕蔣黨的恫嚇，嚴正駁斥〈領袖腦殼論〉

當時上海成為在實際上領導全國救亡運動的中心，而在南京的蔣介石，據說根據確切的事實報告，對於這個「中心」地點，最注意兩個東西：一個是李公樸先生所辦的擁有五千愛國青年學生的一個補習學校；還有一個便是被證實了每期有著二十萬份銷路的《大眾生活》週刊。那個補習學校的愛國青年是當年上海民眾運動一支強有力的生力軍，使該校成為民眾運動的一個大本營，所處地點雖屬上海一隅，而上海的民眾運動所發生的影響是要遍及全國的。至於《大眾生活》，那原不限於上海一隅，是在海內外不脛而走的。

於是蔣介石注意到李公樸先生和我。說來此中還有一段有趣的經過。南京方面派了兩個人來和我談話，一個是現在因私人粉紅色事件灰心去做和尚的劉健群；還有一個是最近新任國民黨中央宣傳部的張道藩部長。他們兩位我原來都不認識，由上海出版界一位朋友邵洵美先生作介紹人，即約在一個晚間在邵先生的家裡談話。

我本來胸懷坦白，主張光明，無事不可與人公開談談。邵先生作調人的好意，盛意尤不便辜負。我在一個晚間晚飯後應約到邵家，邵先生和劉、張二氏都已先在，我們在客客氣氣的氣氛中開始談話。聽說張道藩以前是在法國學藝術（油畫）的，他很會說話，而且說得很多，他一個人就說了三小時之久，我靜心傾聽，始終不得要領，倒是劉健群說話容易懂而饒有奇趣。他當時是藍衣黨的總書記，據說中國法西斯的組織章程就是他根據義大利藍衣黨的模型而起草的。他那時剃著光頭，兩個眼睛圓圓大大的，說話的聲音很宏亮。他說的話也不少，關於抗戰問題，他發揮了一大篇〈領袖腦殼論〉。中國的國土在繼續內戰和不抵抗主義的情形下一天天縮小，是否應該立即停止內戰，團結全國一致禦侮呢？簡單問一句，中國應否抗戰？如那時還不應抗戰到什麼時候才應抗戰？這些問題在劉和尚看來很簡單，全憑領袖（指蔣介石）的腦殼去決定，他說一切都在領袖腦殼之中，領袖的腦殼要怎樣就應該怎樣！我們（指全國人，劉和尚當然也包括在內）一切不必問，也不該問，只要隨著領袖的腦殼走，便可以萬無一失！

他聲如洪鐘似地侃侃而談，發揮這種妙論，津津有味，我當時微笑傾聽，覺得真是聞所未聞，聽到了千古奇談！看到他那樣天真，感到一種奇趣。不，他還有奇談汩汩而出；他說領袖的腦殼自有妙算，你們言論界如果不絕對服從，還要呶呶不休的話，那好像領袖要靜靜的睡覺，你們這些像蚊子嗡嗡在周圍煩擾不休，使他忍無可忍，只有一揮手把這些蚊子完全撲滅！你看他多麼天真有趣，把全國的救亡運動和救國輿論，輕輕地加上「蚊子嗡嗡」，只要「一揮手」就可以「完全撲滅」。我聽到這種有趣的奇談，除由微笑失聲狂笑之外，尋不出其他的落場。他見我只是笑，也許以為我已心悅誠服了，更肅然逼緊一步對我宣稱：「老實說，今日蔣介石殺一個韜奮，絕對不會發生什麼問題，將來等到領袖的腦殼妙用一發生效果，什麼國家大事一概解決，那樣看來，今日被殺的鄒韜奮不過白死而已！」

他把死來恫嚇我，但卻說得那樣有趣！這不能不使我繼續的笑。我說救亡運動是全國愛國民眾的共同要求，絕對不是一二人或少數人的「腦殼」所能創造或控告出來的，所以即令消滅一二「腦殼」——這裡指的當然是無辜民眾的「腦殼」，不是劉和尚所說的神聖不可侵犯的領袖的「腦殼」！大有合併聲明之必要——整個救亡運動還是要繼續下去，非至完全勝利不會停止，這希望他們了解者一。同時附帶對他聲明，不參加救亡運動則已，既參加救亡運動，必盡力站在最前線，個人生死早置度外，這是對於他的以死恫嚇作簡單乾脆的答覆。民間的愛國運動儘可被作為政府的外交後盾，不必即視為反政府的行為，這是希望他們了解者二。政府既有決心保衛國土，即須停止內戰，團結全國一致禦侮，否則即高嚷準備，實屬南轅而北轍，這是希望他們了解者三。我們希望蔣介石領導全國抗戰，成為民族領袖，對領袖當然尊重，但對於劉先生所主張的「領袖腦殼論」卻不敢苟同，因為領袖的偉大處正在能集眾「腦殼」的大成，而不在消滅眾「腦殼」或無視眾「腦殼」而成為「孤家寡人」，這希望他們了解者四。

話是談了許久，差不多到了晚間一、二點鐘，邵先生雖也在座，他是處於調人和招待客人的地位，只是時時微笑地靜默著抽他的香煙，說話最多的當然是劉、張兩位，我也只是扼要地貢獻一些上述的意見。我們都始終客客氣氣，沒有面紅耳赤過，雖則劉健群一說起「領袖腦殼」，就兩個眼睛圓睜得特別大，聲音特別宏亮，好像特別興奮似的，時間談得太晚了，我起立告辭，叫了一輛野雞汽車，奔馳回寓。（《患難餘生記》十一—十二頁）

「三軍可奪帥、匹夫不可奪志」，拒絕蔣賊的誘約

且說劉、張兩位回到南京之後，對於我的報告也許還不算很壞，因為接著得到消息，知道蔣介石有意約我往南京和他當面一談，由杜月笙出面對我表示，他願意親自陪送我往南京見蔣介石，並於晤談後親自陪送我回上海。這是出於杜月笙的一番好意。當時上海有個地方協會，是由上海工商界鉅子所組織的，杜是該會的重要份子（好像就是該會會長，已記不清），祕書長是任之先生。我由任之先生的介紹而認識杜月笙。當時杜月笙在上海社會上的勢力是眾所周知的，同時又是蔣介石最親信的一人，有許多職業界的朋友覺得由他出來保證安全是再靠得住沒有，多贊成我往南京一行。杜月笙很豪爽地拍著胸脯說道：「有我杜某陪你同往，又陪你同來，完全絕對沒有問題」。他一面這樣說，一面即電南京接洽好日期，南京方面戴笠奉命於某日親到火車站來接我們。

我當時是全國各界救國聯合會執行委員之一，所以除我自己考慮之外，還要徵求

救國會的幾位同志的意見，因此在未決定以前，對於杜月笙之約一時未置可否，在討論期間，當然有不同的意見，有些同志估計不致有任何意外（指扣留之類），儘可赴寧一談。有些同志卻認為不妥，關於救亡運動的態度既不能隨便遷就，即有意外的可能。經過大家兩次會議討論之後，決定不去。

我把不去的決議告訴杜月笙的時候，知道他所約的日期即在翌日清晨，當晚即須乘火車赴寧，對於我的不去，很不痛快，認為是失約。當天下午在中匯大樓（杜月笙的辦公處）和杜月笙談話的時候，在座的還有一位老資格的銀行家，他和蔣介石很接近，平日對我也很有好感，聽到我的決議，很誠懇地不慌不忙地對我說：「你不知道老蔣的脾氣！你這次要不往南京一行，就只有再流亡海外，國內是休想駐足的！老蔣叫張公權往南京去做鐵道部部長，他原來不願意幹，但是有人對他暗示，老蔣叫你幹就非幹不可，否則你只有出國！公權不得已也只好幹了。」但是我的意思已決，「三軍可奪帥，匹夫不可奪志」，我只有謝謝這位銀行家的好意，並再三對杜月笙道歉而已！（《患難餘生記》十四—十五頁）

生活書店蓬勃發展，反動派切齒痛恨，必欲置之死地而後甘心

現在要談到我和生活書店同人所支持的那部分進步文化事業了。關於生活書店的

組織和管理，以及生活書店全體工作同志精神之所在，我在拙著《事業管理與職業修養》一書中論述頗詳，可供參考，我在這裡所要特別指出的，就是《生活》就組織上說，它是四五百工作同志在十六年長時期中（假定以《生活週刊》創辦於一九二三年為始，至被殘酷摧殘到一九四〇年為一段落）血汗乃至血淚的結晶品，一步一步由極小規模而擴充起來，將所有收入盡用於事業的擴充與改進，而不是由任何政黨或政團出資創辦的；就這一點說，我可以毅然決然地說，生活書店是沒有黨派關係的民辦的文化事業（除內部的四、五百工作同志外，圍繞著生活書店熱心支持本店文化事業的無數的進步作家，以及海內外熱烈贊助本店文化事業的無數的讀者，對於本店的構成，當然也盡了很大的力量，是本店內部工作同志所永遠銘感與永遠認為無限光榮的）。但是就精神上說，由於我是忠誠堅貞的愛國者，由於最大多數的工作同志都是熱烈誠摯的愛國青年（在長時期的過程及最大多數的集體力景中即有一二例外或差一些的，亦不起任何作用），這個文化機關在救國會成立以前，就和民族解放的偉大運動在實際上連在一起，自從一二一九學生救國運動發生及全國各界救國聯合會成立以後，生活書店所出版的定期刊物，尤其是《大眾生活》，在事實上成為全國救亡運動最主要的機關刊物。其他書籍雜誌，足供救亡運動參考者亦甚被社會重視。至於團結、抗戰、民主，在救國會所提出的政綱中佔非常重要的位置，亦成為進步文化的內容，生活書店既為進步文化機關，對於救國會政綱的熱誠擁護與努力倡導，固為意中事；因此有人認生活書店是救國會派的文化機關。關於這一點，就救國的主張而論，我們用不著否認，而且我們數百同志所共同努力的這個文化機關，能在救亡運動中有所貢獻，正是我們深深覺得無上光榮的事情。

生活書店雖非救國會所出資創辦的，也不是在組織上直接隸屬於救國會的，但對於救國主張，在原則上或精神上卻與救國會共鳴，具體說來，或是對於團結、抗戰、民主的積極倡導與擁護是和救國會一致的，是和救國會同樣堅決的；這都是事實，我只是很坦白地把事實提它一提。事實勝雄辯，這樣明顯的事實，本來用不著再提，但是一則因為談到文化事業機關與黨派有無關係的一般情形，有交代明白的必要；再則因為國民黨的頑固派反動派不能以堂堂正正之旗，光明磊落地在文化事業上與人作工作上的競賽，往往利用黨派鬥爭的藉口，周納陷害，掩人耳目，而且實際上只是壓迫進步文化事業，摧殘進步文化事業而已！如今把事實指出，愈使魑魅魍魎無所遁形於光天化日之下了！（關於生活書店的組織及其構成歷史，和它的進步性也有關係，以後還要談到。）

我和數百工作同志所艱苦支持的這一部分進步文化事業——中國整個進步文化事業的一部分——雖是與黨派沒有關係的民辦的文化事業。因為它的事業在本質上是進步文化事業，已足招頑固派互動派的嫉視，必欲置之死地而後甘心，更加火上添油的，是它的事業突飛猛進，力量宏偉（至少在他們看來，雖則我們還覺得歉然不自足）；除中共外，其他在野的抗日黨派所主持的文化事業，在規模及力量上都比較地小，於是在頑固派反動派看來，這支堅強偉大的進步文化生力軍是他們的莫大的障礙物。同時因為它除在救國主張上和救國會派共鳴外；在實際上也並不是任何黨派的機關，而只是與黨派沒有關係的民辦的文化事業，更說不到有什麼實際的政治力量進步的武裝力量做保障，使頑固派反動派的鼠膽不得不於橫行之餘稍稍有所顧忌，所以除了法律保障和民眾同情之外，頑固派反動派可以違法蹂躪，任所欲為。法律在他們手裡，正如中央書報雜誌審查會總務主任朱某所公然宣稱：「我要怎麼樣便怎麼樣！」法律保障無從說起，民眾組織早在官化之列，真正的民眾同情只是敢怒而不敢言，在短時間內在表面上，是無法急速加以拯救的。這便是在政治逆流中整個進步文化遭受壓迫的情況下，這一部分進步文化所遭到的苦難尤為慘酷的獨特的原因。

講到生活書店發展的迅速，蓬勃的氣象，我不是在這裡寫生活書店的歷史，無意作有系統的詳細的敘述：我在這裡只是要說明生活書店發展的迅速和氣象的蓬勃如何引起深刻的注意。如果它的規模小，力量小，所遭的苦難也許不致於這樣殘酷。

一九三七年全面抗戰發生以前，生活書店總店在上海，分店僅廣州及漢口兩處。

全面抗戰爆發以後，為適應抗戰期間全國同胞對於抗戰文化的迫切，要求本店特派高級幹部數十人分往內地各重要地點創設分店。由於負責幹部的艱苦奮鬥，業務更一日千里，異常發達，不到一年，全國分店已達五十餘處。一九三八年總店已移至漢口，負責主持營業的同事，為著使全國讀者便於就近購買所需書報起見，特將散處全國各地的五十餘處分店在一張地圖上用圓點註明，以此圖形在報頭旁刊登半版廣告，陸續在各報登出。不料有一天將這樣的廣告底稿送至國民黨的機關報《掃蕩報》接洽登載的時候，竟被無故拒絕！我們的那位工作同志深覺詫異，再三向該報廣告部探詢原因，據說是「上面」預先這樣囑咐的，後來又問他們何以有這樣的囑咐，據說「上面」說這個廣告有著政治作用！一個公開的合法的出版機關在報上登載分店地址的廣告，有什麼「政治作用」之可言？如果大家都承認當前的政治大目標應該是：堅持團結抗戰，實現民主政治，那麼這種進步文化機關愈發達，於政治目標的加速達到，正有百利而無一害，為什麼要拒絕它登載分店地址的廣告呢？這種奇異現象的解釋其實也很簡單，就在那個時候，這個進步文化機關發展的迅速和氣象的蓬勃，已經嚇倒了國民黨中的某些頑固份子反動份子！不過那個時候的政治「曲線」還未迅速往下降，頑固派反動派還不敢十分放縱，只想盡力壓抑你的發展，未敢即下決心請你完全關門大吉罷了。

但是適應進步時代的進步文化的向前發展是不可能壓抑的，生活書店的事業仍然向前發展；最顯著的象徵是任何一個分店都擠滿著熱心讀者，自朝至暮，川流不息，清晨趕著開門，晚間難於關門，各地讀者熱烈的情緒是十分使人感奮的。

白健生（崇禧）的祕書某君有一次告訴我，說他有一天陪白健生在桂林乘汽車經過生活書店桂林分店的門口，人山人海，擁擠不堪，白健生以為是什麼戲院的門口，無數觀眾在那裡擁擠著爭先恐後地購買戲票！那位祕書聽了不禁笑了起來，說那是生活書店的門口，擁擠著的人們是要買書報，不是買什麼戲票。

進步文化的突飛猛進，雖有利於國家民族，雖有利於人民大眾，但卻是頑固派反動派的莫大的障礙物。他們是津津有味於軍事磨擦和人事磨擦、文化磨擦的，但是受過進步文化薰陶的人卻不肯閉著眼睛，黑著良心，讓他們牽著鼻子走。所以我們在進步文化遭受壓迫的時候，曾經聽到頑固派反動派宣稱進步文化的「罪狀」，這樣說道：許多青年一經看過新書報（指進步的書報）之後，頭腦就堅強得像石頭一樣，他們的言論（指頑固派反動派自己的言論，即他們所辦的「殺千刀文化」無論如何再打不進去！因此他們對著進步文化的偉大力量發抖，於是忍心害理，加以摧殘。

如上述頑固派反動派所宣稱的進步文化的「罪狀」而果為事實，我們不禁為國家民族的光明前途慶幸！為什麼呢？進步文化的當前主要目標是堅固團結抗戰，促進民主政治，如今經過進步文化的努力，在中國青年中產生了整千整萬的團結抗戰的堅持者，產生了整千整萬的民主政治的擁護者，使「殺千刀文化」竟無所施其技，這不是為國家民族的光明前途奠定了堅強不能動搖的基礎嗎？在這裡有一點須鄭重聲明的是：這是中國整個進步文化所努力收穫的成果，而不是僅在中國整個進步文化中佔著一部分的生活書店的文化事業所獨能居功。但是頑固派反動派看到生活書店發展的迅速和蓬勃的氣象，卻把整千整萬的「堅強如石的進步頭腦」歸咎於生活書店，竟認為要鏟除進步文化，發展他們自己的「殺千刀文化」，非從摧殘生活書店下手不可！

在政治「曲線」正往下降的情況下，在國民黨舉行的五中全會裡面，我們就聽說有人竟公開宣稱：「生活書店的書籍，雖在鄉村僻壤隨處可見，可謂無孔不入，其勢力實在可怕，而本黨的文化事業卻等於零，不能和他競爭，所以非根本消滅它不可！」（傳聞的大意如此，是參加該會的友人某君告訴我的。）頑固派反動派不自己想想所採用的文化政策是國人共棄的「殺千刀文化」！不自己想想自從孫中山先生去世以後，除已成著名漢奸的周佛海所著的《三民主義之理論的體系》一本書外，究竟出版了幾本甚至一本發揮總理遺教的鉅著，而但切齒痛恨於他人所辦的進步文化事業發展迅速，以為自己所以不能發展的原因，中山先生在天有靈，真不免要痛哭流涕長嘆息罷。

但是他們的「邏輯」無論如何不合理，而他們在政治不民主的情況下是有權有勢的人，所以我和數百同志所辛勤努力的這部分的進步文化事業終於因為在他們看來「其勢力實在可怕」，而不免慘遭他們的毒手。我們這部分進步文化事業正在慘遭他們毒手的過程中，我在十分沉痛悲憤之中，要想拯救它的生命，也曾經奔走訪問在國民黨中腦子此較清醒的朋友，解釋我們事業的光明正大的立場與所遭受的摧殘的不合理。其中有一位是從前的報界前輩，他很坦白地告訴我說：「韜奮兄，老實對你說，他們認為你們的文化事業的廣大發展，是他們的文化事業的障礙！」這位前輩的話，證實了上述五中全會中的傳說。其中還有一位是我從前的老同學而現在成為CC派特務的主持人，他很直率地告訴我說：「以這樣一個偉大力量的文化機關放在一個非本黨黨員手裡，黨總是不能放心的！」他們儘管一位是報界前輩，一位是我的老同學，但是我為著擁護真理起見，不得不很抱歉地說明：立在國家民族利益的立楊，不問文化事業的內容是否有利於國家民族，而只是驚其「廣大發展」，只是因為它的主持人不是本黨黨員，而即橫加摧殘，這裡所謂「他們」，無疑地是指頑固派反動派，這裡所謂「黨」，無疑地不是指承襲中山先生革命傳統的黨，而是指頑固派反動派的卑鄙心理而已！

這些談話都足以證明：在整個進步文化遭受壓迫的情況之下，生活書店同人所努力的這部分的進步文化事業，所以遭受到尤其殘酷的摧殘，是因為他的發展迅速，氣象蓬勃，力量宏大深入民間，尤其受到頑固派反動派的嫉視。這顯然不是什麼黨派鬥爭問題——他們所放的煙幕彈——而是進步文化與黑暗勢力的鬥爭。（《患難餘生記》六十一——六十六頁）

反動派忍心害理，用封店捕人手段，將生活書店各地分店剷除淨盡

頑固派反動派對於進步文化的壓迫，利用審查機關作威作福，原是一條捷徑。關於重慶圖書雜誌審查會的種種無理取鬧，我在拙著《抗戰以來》一書中曾經舉出不少的事實，在這裡不再贅述。但雖將「黨派團結」改為「黨派統一」（他們最怕最恨的是「團結」，但是把「黨派團結」一改為「黨派統一」，在他們認為暗合「消滅異黨」的宗旨，得意之至！至於原著者的原意何在，在他們是「管他娘！」），將「婦女解放」改為「婦女復興」（他們認為「解放」是中共專用的名詞，至於「婦女復興」如何可通，在他們是不加思索的），鬧了不少笑話，但是無論如何，總不敢公然提出破壞團結反對民主的主張強行加入或改換進步作家的文章裡面去，於是另想妙怯，利用憲兵或「特老」的檢查，作違法的破壞。例如我所主編的《全民抗戰週刊》，有一位文藝家在成都車站上閱看，就被憲兵干涉，說是不可以看。這位文藝家

提出抗議，說後面明明印有重慶圖書審查會審宣通過證的字樣，為什麼不可以看，他說儘管審查通過，仍不可以看！這位文藝家很氣憤，一到重慶，就把這件事實告訴我們。還有一件奇怪的事實，有某先生對算學深有研究，對這門科學的興趣非常濃厚。他由重慶赴桂林，帶有一本生活書店出版的珠算速計法，途中特老檢查時問他為什麼要看這本書，這位先生是一位忠厚長者，誠誠懇懇地告訴這個特老說，他對研究算學特有興趣，特老怒目對他斥道：「不管你對研究算學有多少興趣，生活書店出版的書是不可以看！」生活書店是在政府註冊的合法的出版機關，這本書是經過政府審查機關通過的，你一看書名，就知道內容不會含有任何政治性（即令含有政治性的書，經過審查通過，亦應得到合法保障），但是頑固派反動派對於進步文化機關的違法摧殘其合法的事實，其喪心病狂，可謂已達極點。

但是這在頑固派反動派仍未能滿足。《全民抗戰週刊》在停刊以前，每期數萬份，憲兵雖多，不可能跟隨每個讀者作違法的恫嚇，生活書店所出版的書籍更是汗牛充棟，不可勝數，即就算學一門而論，特老雖狠，亦不可能跟隨每一位算學研究者而加以無理的干涉；於是頑固派反動派又另想妙怯，忍心害理，用更殘酷的手段，決定封店捕人，先將生活書店的各處分店盡行剷除淨盡，企圖由此完全毀滅這一部分他們所認為「其勢力可怕」、望著發抖的進步文化事業。

違法的卑鄙的毒計既定之後，一九三九年四月先從西安生活書店分店「開刀」，不但將店封閉，經理及職員逮捕，而且將所有生財用具搬移一空，形同劫掠（後來看見赫然安置在他們新開的該地中國文化服務社分社中應用，可謂妙不可言，自居強盜，抑謙謙君子自居小偷，則未見聲明，不得而知）。自一九三九年四月起至年底，不到幾個月，由西安而天水、而南鄭、而宜昌、而萬縣、而沅陵、而吉安、而臨川、而南城、而贛州、而金華、而麗水、而立煌、而福州、而南平、而曲江、而梅縣、而蘭州、而衡陽、而貴陽、而桂林、而成都、而昆明等等五十餘處的生活書店分店和負責人都遭受同樣的苦難。負經理責任的高級幹部被無辜逮捕的達四十餘人之多。我們四、五百工作同志和無數進步作家及熱心讀者在十六七年的長期中所培植的進步文化基礎，由於頑固派反動派的嫉視嗾使各地黨部憑藉暴力（原來應該依法保障人民的警察或軍事機關），在短短幾個月的時間，違法摧殘，任意蹂躪，這不僅是一個進步文化機關的不幸，也是中國政治史上文化史上最污穢的一頁；生活書店雖是由內部工作同志公推一人在政治經濟部註冊的商業機關，而內部的組識在實際上是採用合作社的原則，內部的管理是採用民主集中的原則，全體工作同志是受著他們自己所選舉出來的理事會的集體的領導，我是全體工作同志所選舉出來的理事會主席，我對於這部分進步文化事業的總的責任是應該忠誠擔負起來的，所以我現在儘管在流離顛沛，病體危殆，九死一生之中，我只須一息尚存，必須秉筆直書，將頑固派反動派違法摧殘進步文化的殘酷而卑鄙的手段呈訴於海內外公正同胞之前，並把他們的罪狀宣告於天下後世！（《患難餘生記》六七—六八頁）

在香港的經歷

韜奮

一

七、八年來，我的腦際總縈迴著一個願望，要創辦一種合於大眾需要的日報。在距今四年前，由於多數讀者的鼓勵和若干熱心新聞事業的朋友的贊助，已公開招股籌辦，於幾個月的短時期內招到了十五萬圓的股本，正在準備出版，不幸以迫於環境，中途作罷，股款連同利息，完全歸還。這事的經過，是讀者諸友所知道的。但是要創辦一種合於大眾需要的日報，這個願望仍繼續不斷地佔據了我的心坎，一遇著似乎有實現這件事的可能性的機會，即又引起我的這個潛伏著的願望的波動。

有一位老友在香港住過幾個月，去年年底到上海，順便來訪問我，無意中談起香港報界的情形，據說在那個地方辦報，只須不直接觸犯英國人的利益，講抗敵救國是很有自由的，而且因為該地是個自由港，紙張免稅，在那裡辦報可從紙張上賺些餘利來幫助維持費比他處日報全靠廣告費的收入，有著它的特別的優點。這位老友不過因談到香港的狀況而順便提及香港報界的一些情形，他雖言之無意，我卻聽之有心，潛伏在我心坎裡多時的那個願望又起了一次波動。

今年的三月間，我便帶著這樣暗示的憧憬到香港去看看。我先找些當地新聞界的朋友談談，我們雖然是初次見面但是因為在文字上已久成了神交，所以很承蒙他們熱誠指教，認為可以辦。

於是我們便想到經費。我堅決地認為大眾的日報不應該是一兩個大老闆出錢辦的，所以我無意懇求一兩個大老闆的援助：又堅決地認為大眾的日報應該要完完全全立於大眾的立場，也不該由任何一黨一派出錢辦的，所以我也無意容納任何黨派的援助，結果當然想到公開招股的辦法。但是公開招股無論怎樣迅速，不是在很短的時期內所能完成的，尤其是因為要顧到入股大眾的利益，和創辦者的信用起見，我們決定在公司創立會未開幕以前，已收到的股款不應先有絲毫的動用。這個難題使我躊躇了好些時候，同時又因為香港印刷業的落後，實出人意料之外，要印日報，非自備印刷機不可，因為找不到什麼印刷所來承印。辦報自備印刷機，是一項很大的開支，這可是又一個難題！

但是事有湊巧，不久有一個印刷公司因為要承印一家日報，從德國買到了一個一九三五年式的最新印刷機，一小時能印日報一萬九千份。那家報的每日印數只有一萬份。所以這部印刷機很有充分的時間餘下來再承印另一家報。這個意外的機會使我興奮起來，因為印刷機無須自備，這至少在短時期內使我們在經濟上輕鬆了許多，至於此外的開辦費和暫時的維持費，那是有設法的可能的。

這樣，我才開始籌備。我在上面已經說過，已收到的股款，在公司創立會未開幕以前，不應先有絲毫的動用，我當然要嚴守這個原則。但是要先把《生活日報》試辦起來，是不能不用錢的。我便和在上海的幾位熱心文化事業的好友商量，由我們幾個人輾轉湊借了一筆款子，經過一個多月的特別快車的籌備苦工，到六月七日那一天，七、八年來夢寐縈懷的《生活日報》居然呱呱墮地了。其實在香港的讀者和它第一次見面雖在六月七日的早晨，而這個孩子的產生卻在六日的深夜。那天夜裡我一夜沒有睡，自己跑到印刷所裡的工廠上去看著。我親眼看著鑄版完畢，看看鑄版裝上捲筒機，看著發動機撥動，機聲隆隆——怎樣震動我的心弦的機聲啊！第一份的《生活日報》剛在印機房的接報機上溜下來的時候，我趕緊跑過去收受不來，獨自含著微笑，那時的心境，說不出的快慰的心境，不是這枝禿筆所能追述的！這意思並不是說我對於這個「處女報」的格式和內容已覺得滿意——不，其實還有著許多的不滿意——但是我和我的苦幹著的朋友們的心血竟有了具體化，竟在艱苦困難中成為事實，這我在當時實不禁暗中喜出了眼淚的！我知道這未免有些孩子氣，有些「生惕門陀爾」，但是人究竟是感情的動物，我也就毫不隱飾地老實報告出來。

我們因為試辦的經費是由幾個書獃子勉強湊借而成的，為數當然很有限，所以報館是設在貧民窟裡，經過了不少的困難和苦鬥，如今追想前塵影事，雖覺不免辛酸，但事後說來，也頗有趣，下次再談吧。

二

我在上次和諸君談過，我們在香港的報館因為試辦的經費是由幾個書獃子勉強湊借而成的，為數很有限所以是設在貧民窟裡。但是說來好笑，我正在香港貧民窟裡籌辦報館的時候，香港有一家報紙登出一段很肯定的新聞，說我被廣西的當局請到南甯去，擔任廣西省政府的高等顧問，同時兼任南甯《民國日報》總主筆和廣西大學教授，每月收入在六百元以上云云。你看這多麼闊！不但「顧問」而且是「高等」；不但兼了「總主筆」，而且還兼著「大學教授」！一身兼這樣的要職三個，依我們所知道的一般情形看來，每月收入僅僅在六百元以上，似乎還未免過於菲薄。但是在我這樣的一個窮小子看來，確覺得是一個不小的數目，而且老實說，確也有些垂涎欲滴！

因為自從我結束苦學生的生活，在社會裡混了十多年以來，從來沒有賺過這樣大的薪水；自從在十年前因《生活週刊》業務發達，我不得不擺脫其他一切兼職——要附帶聲明的是這裡沒有什麼「高」，沒有什麼「總」，也沒有什麼「大」，只是有著夜校教員之類的苦工——用全副精神來辦個個刊物，計算起來，每月收入總數還少去十塊大洋，十年來一直是這樣。我有大家族的重累，有小家庭的負擔，人口日增，死活無常，只靠著一些版稅的收入貼補貼補，因為出國視察借了一筆款子，有好幾本著作的版稅已不是我自己的，除把版稅抵消了一部分，還欠著朋友們幾千塊錢，一時無法償還；不久以前一個弟弟死了，辦喪事要舉債，最近一個庶母死了，辦喪事又要舉債——好了不囉嗦了，在這樣嚴重的國難裡面幾乎人人都有「家難」的時代，我知道諸君裡面有著同樣痛苦或更厲害的痛苦的一定不少，我不該多說關於個人的訴苦的話，我只是說像我們這樣的窮小子，「每月收入在六百元以上」並不是用不著，但是我們為保全在社會上的事業的信用，我們絕對不能無條件拿錢，而且我們知道僅僅孜孜於在各個人的圈子裡謀解決，也得不到根本的解決。

話越說越遠，我不得不請諸君原諒，現在再回轉頭來談談在香港貧民窟裡辦報的事情吧。我在香港只是在貧民窟裡辦報，從未到過廣西，所以誰做了廣西政府的「高等顧問」等等，我不得而知，所知道的只是在香港的貧民窟裡所辦的那個報館。

香港的市面和大多數的居民是在山麓，這是諸君所知道的。在這裡你要看看豪華區域和貧苦區域的對比，比在任何處來得便當，因為你只要跑到山上的高處俯瞰一下，便看得見好像汪洋一大片的所謂西營盤和它附近地方，都是些狹隘齷齪的街巷和破爛不堪的房屋，像蟻窟似的呈現在你的眼前。但是除了這樣整批的貧民窟之外，在熱鬧的市面，於廣闊的熱鬧的街道中間，也夾有貧民窟，這可說是零星的貧民窟。我們的報館一面要遷就熱鬧市面的附近，一面又出不起那昂貴的屋租，所以便選定了一個零星貧民窟裡的一條小街上的一所小屋——就是也許已為諸君所耳熟的利源東街二十號。

這一條短短的小街雖在貧民窟裡，雖然汽車貨車不許進去，地勢卻很好，夾在最熱鬧的德輔道和皇后大道的中間，和印刷所也很近。這屋子號稱三層樓，似乎和「高等顧問」有同樣闊綽的姿態，但是每層只有一個長方形的小房間，房間的後面有一個很小的廚房，前面臨街有一個窄得只夠立一個人的露台，至於屋子材料的窳陋，那是貧民窟房屋的本色，不足為怪。天花板當然是沒有的，你仰頭一望便看見屋頂的瓦片。上樓是由最下層的鋪面旁邊一個窄小的樓梯走上去的。你上去的時候，如不湊巧有一個人剛從上面下來，你只得緊緊地把身體貼在牆上，讓他唯我獨尊地先下來，這好像在蘇州狹隘的街上兩輛黃包車相碰著，有著那樣擁擠不堪的滑稽相，屋子當然是髒得不堪，但是因為包括鋪面的關係，每月卻要租一百塊錢，我承蒙一位能說廣東話的熱心朋友陪著到經租帳房那裡去，往返商量了好幾躺，在大熱天的炎日下出了好幾次大汗。總算很幸運地把每月屋租減到九十塊錢。

這樣髒得不堪的屋子，當然需要一番徹底的粉刷，否則我實在不好意思請同事們踏進去；並不是嫌不好看，要努力辦事不得不顧到相當的健康環境。可是那裡的粉牆經過粉刷了五次，才有白的顏色顯露出來。漆匠大叫倒楣，因為他接受這樁生意的時候，並未曾想到要粉刷到五次才看得見白色。我不好意思難為他，答應他等到完全弄好之後，加他一些小費，那個窄小的樓梯，是跑上二樓和三樓必經之路，樓梯上的木板因年久失修，原來平面的竟變成了凹面的了，有的還向下斜，好像山坡似的，於是不得不修的修，換的換，這也是和房東辦了許多交涉而勉強得到的。

談起來似乎瑣屑，在當時卻也很費經營，那是小便的地方。在那些貧民窟的屋子裡，一般人的習慣，廚房裡倒水的小溝，（樓上也有，由水管通到下面去，）同時便是小便的所在，所以廚房和樓下的屋後小弄，便是臭氣熏蒸的區域。報館裡辦事的人比較的多，需要小便的人無法使它減少，如沿用一般人的辦法，大家恐怕要熏得頭痛，無法辦公了。說的話已多，這事怎樣解決，只得且聽下回分解。

三

在貧民窟裡辦報館，布置起來確是一件怪麻煩的事情！我曾經說過，我們的報館所在地的利源東街，是夾在兩條最熱鬧的街道的中間。在那兩條最熱鬧的街道上，各店鋪裡的衛生設備是不成問題的，因為在地下裝有現成的溝筒，他們都可以裝設抽水馬桶，和有自來水沖的白瓷小便斗。但是利源東街離這兩條大街雖不過幾步遠，情形便大不同了。因為那條街上的住戶根本沒有力量享受衛生的設備，所以地下根本就沒有什麼衛生設備適用的溝筒。你獨家要裝設也可以，不過先要就馬路的下面裝設溝筒，從大街的地下溝筒接到屋裡的地下來才行。這項工程至少要花掉一千多塊港幣，合華幣是近兩千塊大洋，這當然不是我們這樣的窮報館所掛得起的，只得想都不去想它。那幾天我常常到報館裡去視察修理工程的進行，屢次有「苦力」模樣的不速之客來盤問，他講的是廣東話，我一竅不通，但是他卻鍥而不捨，找個懂廣東話的朋友來翻譯一番，方知道他所為的是馬桶問題。原來在這貧民窟裡倒馬桶的生意，也有好幾個人要像競爭國選那樣地熱烈，爭取著「倒權！」他們的這種重要任務，卻也很辛苦每夜一兩點鐘的時候，就要出來到各戶去執行「倒權」的；在取得「倒權」以前，還要費過一番激烈的競爭。在我們呢？馬桶問題倒不及他們那樣著急，因為我們把第二層的後間那個小廚房粉刷一番，叫木匠司傅用木板來隔成兩個小間，買兩個白瓷馬桶，加些臭藥水，還勉強過得去。所要設法解決的是小便所問題。我原想買個白瓷小便斗，裝在自來水龍頭下面，斗底下裝一個管子，通到下層地下深處的泥裡去，這樣可以不必以後弄為尾閭，稍稍顧到公眾的衛生。主意打定之後，便和一位能講廣東話的朋友同跑到一家專買白瓷抽水馬桶和白瓷小便斗的公司裡去接洽。那公司裡的執事先生們聽說是個報館裡要裝白瓷小便斗以為是一件很闊的生意經，很殷勤地特派一位「裝設工程師」到我們的報館裡來設計，我們覺得卻之不恭，只好讓他勞駕。

那位「裝設工程師」一踏進我們的小廚房便搖頭，他說在這裡要裝設白瓷小便斗，先要打樣繪圖呈請香港政府核准，領取執照，否則便是違法的行為，幹不得！我問他在那條街上一般住戶都是在廚房的水溝裡隨意小便，使廚房和後弄都臭氣熏蒸，是否也要呈請香港政府核准呢？他知道這是開玩笑的話，彼此付之一笑。但是小便所問題還是未得解決。最後只得僱泥水匠用白瓷磚就水溝的洞口砌成一個方形的大斗，下面挖個洞，每日由茶房負責倒水沖幾次，由那裡還要流到後弄去，那也就無可如何的了。這在該處的泥水匠是一個新式的「工程」，做得不對，以致做了又拆，拆了又做，經過幾次的麻煩，才算勉強完事。

屋子的後部分的問題解決了，但是屋子的前面，是朝西，陽光逼著要使你中暑，於是決定裝設一個布篷。裝設兩個風扇，並在那狹隘的露臺的鐵欄杆上排幾盆花草。門面和內部都油漆一新。這樣慘澹經營之後，這一所房屋，在那條貧民窟的街道上簡直是一所最整潔的屋子了，我把它比作一個十足的鄉下土老兒硬穿上一套時裝。

有許多同事是陸續由上海來的，我每次很高與地到碼頭去接他們，他們到了第一件事是要先到報館去看看。我雖知道這時我已費了一個多月的工夫，把這個貧民窟的屋子刷新了一下，但是心裡還是忐忐忑忑，不知道同事們看了覺得怎樣，雖則我引導他們踏進報館的時候，總是一團高興，因為這是經過一番苦工夫所得的結果。後來他們裡面有的承認初看的時候覺得不慣，後來也就漸漸地看慣，覺得很自然了。

我的辦公室是在二層樓的前一部分，隔開一個小小的房間，排著三張的辦公桌已是擠得難於迴旋。窗關著很悶；窗開著吧，斜對面的那家小鐵店的煤煙常常溜進來替你的桌上和面孔上加些材料。那裡的房屋都是兩層樓的樓房，中間隔開的街道既然很窄，所以兩邊樓房相望是很近的。有一夜斜對面的樓上死了一個人，全家十幾口，男男女女，大大小小，都擠在那個房間裡，圍著躺在床上的死屍哭著，哭得很悲哀，聽了令人為之慘然；我正坐在自己的小房間裡寫社論，因為距離很近的緣故，那個硬挺挺僵臥著的死屍，恍惚就睡在我的身旁附近，尤其是那樣悲哀的泣聲，使我雖拿著筆在構思，心目中所湧現的總是一個死屍，一群窮苦的婦人孩子的慘況，心裡想也許那一群可憐的婦人孩子們就全靠那個死人活命，現在是陷入了非常悽慘的境域了！心裡這樣地被擾亂著，好久好久寫不出一個字來！

被我由法國電請回來幫忙的胡愈之先生，他的辦公處就在我的對面，有一夜他發現個大蜈蚣！他生怕再有蜈蚣出來，在不知不覺中，乘他在寫作無暇他顧的時候，取道他的褲腳管向上前進，那還得了！他搖頭慨歎這種地方真有些危險！我想他當時的兩個褲腳管裡大概是常在宣布戒嚴的狀態中。

四

在香港辦報，登記也是一個難關——這登記當然是指向香港政府要求的。我在事前就聽見說，「外江老」——不是廣東人——尤其是名字被多數人知道的文人，要出面登記，是很不容易通過的，因為他們怕有什麼政治作用。這在邏輯上似乎講不通，因為有政治作用的，廣東老也僅有可能，並不限於什麼「外江老」；名字不見經傳的文人也不見得都是馴服的羔羊。但是他們不講這些，他們只怕由外面來的人存著搗亂的意思，使他們的統治發生危險，這種心理猶之乎我由歐洲到美國上岸的時候美國的移民局人員「像煞有介事」地問我有沒有意思要推翻美國政府！香港政府最放心的是本地的商人出來辦報，理由是他的唯一宗旨是在賺錢。我既不是廣東老，又不是商人，尤不幸的是名字又不能避免被人知道，所以出面登記是十八九難於通過的。但是不幸中的幸事是有一位足夠資格的朋友同心贊助，由他出面去登記。登記的手續照例是要親到香港政府裡什麼「華民政務司」洋大人在那裡給他問話。最要緊的話是問你為什麼要辦報？這位「識相」的朋友咬定宗旨說是要賺錢，要賺錢是他們認為最可欽佩的大志，至高無上的美德，這個難關便這樣地被通過了。

當然，若要人不知，除非己莫為，天下事是終要水落石出的。在登記完畢以後，是誰在那裡主辦，終要被香港政府知道的。不過英國人素以「法治」自許，在法定的手續完畢之後，除非你在法律上犯了什麼罪名，他們是不好意思隨隨便便取消你的登記的。最糟的是在登記的時候。他們如果已在疑心生暗鬼，便要乾脆地不准許；在已經准許之後，卻不至隨隨便便取消你的登記。這種「法治」的實質究有幾何，姑且不論，但說來好笑，據說住在香港的一般廣東老，遇著與人吵嘴的時候他曾這樣地警告對手的人：「你不要這樣亂來，這是個法治的地方！」無論如何，後來香港政府的警務處終於知道那個報是我在那裡主辦的；這不足怪，因為他們有偵探，這種情報當然是可以得到的。

這雖不致就取消我們的登記，但是既受他們的嚴重的注意，也就不免增加許多麻煩。他們要進一步抓到我們的把柄。有一次香港某銀行的經理，因為香港政府禁止青年會民眾歌詠會的事情，去見警務司，剛巧我們的報上發表一篇鼓勵這歌詠會的社論，那位警務司便再三向他詰問我為什麼要在香港辦報，並老實說他們無時不在嚴重地注意我。同時有朋友來告訴，我說警務處曾有公文到新聞檢查處（香港政府設的），叫檢查處每天要把檢查《生活日報》時所抽去的言論和新聞彙送到警務處察閱。他們的意思以為已經檢查過的東西不會有什麼毛病，被檢查抽去的東西一定可以露出馬腳來，一旦被他們捉著可以藉口的證據，便可以開刀了！這可見我們當時所處的環境的緊張。但是事實究竟勝雄辯，他們的偵探，他們的檢查員費了許多工夫之後，所得到最後結論卻很妙，他們說：「這只是幾個讀書人辦的報，沒有什麼政治的背景」倘若他們所謂「政治的背景」是指有什麼黨派的關係，那我們當然是絲毫沒有，他們的話是完全對的；但是我們卻未嘗沒有我們的背景！我們的背景是什麼？是促進民族解放，推廣大眾文化！我們是完全立在民眾的立場辦報，絕對和任何黨派沒有關係，但是我們辦報卻也有我們的宗旨。我們的宗旨是要喚起民眾，共同奮鬥來抗敵救國。

但是我們總算是僥倖得很，在他們的那個「最後結論」之下，我們少了許多不必要的麻煩。我們不但得到警務處的諒解，而且也得到新聞檢查處的諒解。

但是這個意思卻也不是說新聞檢查處就一定沒有麻煩。關於香港新聞檢查處，有它的很有趣的特別的情形，留待下次再談。

五

談起香港的新聞檢查，卻有它的饒有趣味的別緻的情形，雖則在我們主張言論自由的人們，對於新聞檢查總覺得是一件無法歡迎的東西。

香港原來沒有什麼新聞檢查處，自從受過海員大罷工的重大打擊之後，驚於輿論作用的偉大，害怕得很，才實行新聞檢查，雖明知和英國人所自詡的「法治」精神不合，也顧不得許多了。據我們的經驗，香港新聞檢查處有幾種最通不過的文字，其一便是關於勞工問題，尤其是關於提倡勞工運動的文字。香港的新聞檢查原在吃了工潮苦頭之後才有的，他們最怕的當然是直接間接和勞工有關係的文字，例如陶行知先生的〈一個地方的印刷工人生活〉那首詩，說什麼「一家肚子餓通；沒有棉衣過冬；破屋呼呼西北風，媽媽病得要死，不能送終！」這些話是他們所最怕聽的！至於那首詩的末段：「罵他他不痛，怨天也無用，也不可做夢。拳頭聯起來，碰！碰！碰！碰！」那更是他們聽了要掩耳逃避的話語！所以這首詩在香港完全被新聞檢查處抽去，後來我把它帶到上海來，才得和諸君見面。（見本刊第十二號）

他們不許你用「帝國主義」，所以各報上遇著這個名詞，總寫作「××主義」，讀者看慣了，也就心領意會，知道這「××」是什麼。我們知道在上海各種日報上還可以把這四個字連在一起的，這樣看來香港新聞檢查似乎更嚴厲些；但是也不盡然，例如在上海有許多地方鑒於「敦睦邦交」的重要，只寫「抗×救國」，在那裡，這「抗」字下的那個字是可以隨處明目張膽寫出來的。中國人在那裡發表抗敵救國的言論倒比上海自由得多，這一點在我們做中國人的說來汗顏無地，但卻是事實。《生活日報》開張的第一天，香港的日本領事館就派人到我們的報館裡定報一份，好像公然來放個炸彈，但是我們後來對於抗敵救國的主張還是很大膽地發表出來。

他們不但檢查新聞，言論同樣地要受檢查。有些報紙上的社論被他們完全抽去，因為夜裡遲了，主筆先生走了，沒有第二篇趕去檢查，第二天早晨社論的地位便一大片雪白，完全開著天窗這是他處所未見的。有一天看見某報的社論的內容根據四個原則，裡面列舉這四原則，但是在（一）下面，全是接連著的幾行××！在（二）（三）（四）各項下面也都同樣地全是接連著的幾行××！這篇東西雖然登了出來，任何人看了都是莫名其妙的。《生活日報》的社論還算未有過這樣的奇觀。我每晚寫好社論之後，總是要等到檢查稿送回之後才離開報館。有一夜因檢查擱置太遲，我想內容沒有什麼「毛病」，先行回家，不料踏進門口，就得到報館電話說社論被刪去了一半！我趕緊猛轉身奔出門，叫部汽車趕回報館，飛快地寫過半篇送去再試一下，幸得通過第二天才得免開一大塊天窗，其實我所要說的意思還是被我說了出來，不過寫的技術更巧妙些罷了。無論他們刪除得怎樣沒有道理，你都無法和他們爭辯，都無法挽回。有一次我做了一篇民眾歌詠會前途無量，結語是「我們希望民眾歌詠會普遍到全中國，我們願聽到十萬百萬的同胞集體的『反抗的呼聲！』」這末了五個字是引著我香港青年會發起這歌詠會的小冊子中語，但是他們硬把「反抗的呼聲」這幾個字刪去成為「×××××」，我看了非常的氣，尤其是因為檢查處的人也都是中國人，但氣有什麼用？

有時因為檢查員沒有看懂，有的話語也可以溜過去。據說某報有一次用了「布爾喬亞」這個名詞，檢查員看不懂，立刻打電話給那個報館的主筆，查問這究竟是個什麼傢伙，答語說是「有錢的人！」有錢的人應該是大家敬重的，於是便被通過了！

廣告雖不受檢查，但報館要依檢查處的禁例，自己注意。例如登載白濁廣告，「濁」字要用□的符號來代替，生殖器和性交等等字樣都須有一部分用□的符號來代替。據說他們的理由是：凡不可和自己的姊妹說的就不可登出來。這理由可說是很別緻的，說來失敬，帝國主義和白濁竟被等量齊觀因為在各報的廣告上（大都是屬於書籍的廣告），也只可以用□來代替帝國兩個字。這也許是帝國主義發抖時代的象徵吧！

六

我在上次和諸位談過香港新聞檢查的情形。我們主張言論自由的人們，根本反對新聞檢查的制度，所以對於香港的新聞檢查當然也說不上有什麼好感。但是平心而論，中國人在香港辦報，尤其是在當前的階段。所受到的檢查制度的桎梏比在中國各處卻是比較地好些。這並不是說香港的檢查比他處寬大些，都是因為他們所忌的特點不同，而這些特點在我們卻沒有很大的妨礙。例如他們對於攻擊英國的言論是最忌的，有妨礙英帝國尊嚴的新聞是最忌的；這在我們正要全國集中力量對付我們民族最大敵人的階段，我們對於其他各國原不願多所樹敵，不但不願多所樹敵，而且要儘量增加他們和中國的好感；在這種情況下，我們對於英國，只須他們不幫助我們民族最大敵人的行為，原來就無意和他們為難的。又例如他們最怕煽動階級鬥爭，所以凡是關於這類的文字和消息，也是他們所最忌的：這在我們正在極力提倡全國不分階層團結禦侮的時候，我們的救國主張是從整個民族的解放做出發點，並非從什麼階級做出發點，他們的那種顧忌也並不致妨礙我們的任務。又例如他們最怕有人擾亂香港的治安，動搖他們在香港的統治；這在我們集中力量對付我們民族最大敵人和極力主張全國團結禦侮的時候，也用不著就和香港的統治者為難，所以也不妨礙我們。

此外，在那個地方我們卻得到一個有利的特點，那就是他們對於日本的畏懼心理，並不像其他地方的誠惶誠恐，搖尾乞憐得不像人樣！我們對於抗敵救國的主張和敵人侵略我們的消息，都還可以登得出來。這個特點實給與不願做奴隸的中國人辦報的一種很大的便利。香港是英國的殖民地，做中國人的人要在這個地方才有這樣的權利，說來當然是可為痛哭流涕的。有人說香港是殖民地，中國是半殖民地，誰料得到在這一點上，半殖民地還比不上殖民地！

最後還有一個要點，有些人也視為莫大的便利，在《生活日報》卻無意利用它，因為在事實上沒有利用它的必要。這個特點是這樣：假使中國有甲派和乙派做對頭，甲派要打倒乙派（或乙派要打倒甲派），那甲派在香港辦的報可儘量醜詆乙派，攻擊乙派，打倒乙派可是《生活日報》是無黨無派的報紙，它無意擁護那一派，打倒那一派，它只主張全國各黨各派在國難這樣嚴重的時候，應該大家拋棄舊仇宿怨，一致團結起來救國。它所要赤誠擁護的是中華民族，它所要打倒的是做著全國公敵的漢奸。

還有一句公道話我應該說的，香港檢查處的職員都是中國人，他們多少還有些民族意識，凡是關於抗敵救國的言論和消息，他們都還肯盡可能地通過。關於民族敵人侵略我國家和蹂躪我同胞的事實，他們也都還肯盡可能地放鬆。

廣東在陳濟棠氏當權的時代，對於新聞檢查也是很苛的，廣東的報紙對於廣東的政聞是不敢依事實報道的，結果是在廣東的人民不信任本地報紙的報導，要知道廣東的真實消息，要在香港的報紙上去看。這當然是很不幸的現象，但是在壓迫言論界的當局並不肯想到這一點：在壓迫下的言論界失卻一般人民的信任心，反而增加民眾對於當局的懷疑。那時廣東人要知道真確的「粵聞」，不信廣東報而信香港報，便表示當時廣東當局的信用破產！不能在內政外交的事實上取得人民的信任，要想專在壓迫言論界來獲得人民的信任這是合於一句老話，叫做「南轅而北轍」，埋頭苦幹著天地間至愚極蠢的事情而不自知！

香港這個地點實在不宜於以全中國為對象的報紙，這方面的理由，我在後面要談到；不過講到該處的檢查束縛——當然仍是不合理的束縛——確比中國各處好些。這只要看了上面的解釋，便明白了。有些朋友不明白這裡面的情形，說離開半殖民地跑到殖民地去辦報，不知道殖民地的言論不自由當然要比半殖民地還要厲害。其實也不盡然。

七

我們在香港辦報，因為當地的新聞檢查有他們的特點，我們還不感覺得怎樣大的妨礙，至少和「半殖民地」的情形比較起來，我們還可以多說幾句話，多得到一點言論自由，多登出一點真確的消息。我們毫無意思要歌頌殖民地的新聞檢查制度，尤其看到他們對於西文的報紙不檢查，專對中文的報紙為難更顯出不公平；至於我們立於報人的立場，根本反對新聞檢查制度，那是不消說的。不過我們看到「半殖民地」比殖民地更不如，卻不勝其慨歎！

我們在香港尤其感到困難的卻是印刷業的落後。我們雖未曾普遍調查，但是想到承印我們日報的那家印刷所的工作情形，至今還忘記不了那種麻煩！那裡是用包工制的，我們很鄭重地和工頭約法三章，什麼時候交稿，什麼時候看校，什麼時候拚版，……他都一一答應，但是每次都不按照所規定的時間；報紙應該可以在早晨六點鐘出版的，他們往往替你延展到八點鐘，九點鐘！屢次交涉，屢次無效。編輯先生慘澹經營地把新聞這樣排，那樣排，排得自己認為可以了，第二天早晨翻開報來一看，他排在那裡的，現在卻發現在這裡大搬其場！有的時候在當夜就被編輯先生發覺，叫他們照規定的樣子排過，他們憤然很不客氣地說：「你就拿出一萬塊錢來，我們還是不改！」我們和他們講理，他們說：「我們香港的工人就是這樣的，上海的工人頂括括，我們是比不上他們的。」

校樣上的錯字校對先生改正之後拿去，他們隨意替你改排幾處，隨意替你留下幾處不改，馬馬虎虎打一張清樣交還你。校對先生在二校上又一一改正，他們又這樣

「隨意」之後再馬馬虎虎打一張清樣交還你。所以校對先生「埋頭苦幹」了三校四校，還是東一個錯，西一個錯。真是所謂焦頭爛額！有一天前進一欄裡有一篇文章，校樣裡缺了許多字填著許多黑而且粗的雙槓在空字地位，第二天早晨原樣印出，使人硬著頭皮讀下去都不懂。該欄編者柳湜先生在〈留別南中國朋友〉那篇短文裡，所謂「錯字，缺字，更弄得編者掉淚，作家痛心！」的確不是無病呻吟，確能反映我們當時的憤慨心理。《生活日報》星期增刊有一期上有個啟事，劈頭是「生活日報自二十五年八月一日起，遷移下海」，我們要搬回上海，他們卻一定要請你「下海」。

你在香港出版的各日報上，往往可在大標題裡面忽然看到鑲著一個小小的字體！尤其可笑的是缺少「懂」字，就印上「董」字，下面加個括弧註道：「加心旁」；或一時找不著「鏟」字，就隨便印上「產」字，下面加個括弧註道：「加金旁，」好像什麼十三經註疏似的！這種獨出心裁的新奇花樣，是我們在上海的時候所夢想不到的。你要用方頭字的地方，他們替你夾入一兩個普通鉛字；你要用普通鉛字的地方，他們卻替你夾入一兩個方頭字進去！

種種尷尬，我們和工頭交涉，他總是很慷慨地給我們以空頭支票，於是我們不得不和那個公司的經理先生麻煩。我往往在半夜三更，或天剛剛亮的時候，打電話去和他囉嗦，雖承他很客氣地樣樣答應，但是結果還是一樣糟！

我們弄得沒有辦法！自己沒有印機，要掉換一家印，根本就沒有！我們起初也不知道印刷工友們為什麼那樣不講理，後來仔細打聽才知道工友們在那樣嚴酷榨取之下，失卻他們的理性，卻也是可以原諒的。他們每天要做十六、七小時的工！每夜要幹到深夜四五點鐘，第二天早晨十點鐘起來，十一點即開工，一兩小時後吃午飯，飯後繼續幹著，下午五點鐘晚飯，晚飯後就一直又要幹到四點鐘。睡的時候就隨便七橫八豎地躺在鉛字架下面睡，吃時也在那裡（每月工資最多的是二十四元）。這樣一天到晚昏天黑地做著苦工，怎怪他們一看見稿件來就開口罵你幾句你還要講究這樣，改良那樣，當然要被他們痛罵一頓。聽說那個工頭不但擅長於榨取，而且慣於剋扣工資，有好幾個姘頭，吸上鴉片煙癮。我們屢次要求工頭改善那些工人的生活；他的堅決的回答是：「香港的工人都是這樣的！」陶行知先生的〈一個地方的印刷工人生活〉那首詩，就是聽我們談起這些工人的情形才寫的，什麼「做了八點鐘，再做八點鐘，還有八點鐘，吃飯，睡覺，撒屎，出恭。」又說「機器冬冬冬。耳朵嗡嗡嗡。腦殼轟轟轟。『再拿稿子來，操他的祖宗！』」確是紀實之作（這詩被香港的新聞檢查處抽去，在他們不能不算是聰明的）。

八

我們幾於每天要和印刷所爭吵，這是在印刷方面出乎我們意料之外的麻煩，大概的情形，我在上次已和諸君談過了。印刷這件事雖是麻煩，但是經我們繼續不斷的交涉，不但和工頭鍥而不捨地爭吵著，不但時常於半夜三更打電話給印刷所經理先生，鬧得他不得好睡，並且由我自己先問清工頭，開好排字房的工作時間表，裡面載明幾點幾分鐘交什麼版的新聞，幾點幾分鐘要排好什麼版的新聞，幾點幾分鐘要拼什麼版……先給工頭親眼看過他沒有異議後，我便從晚飯後親自捧著這個時間表到印刷工場裡去「坐鎮」，徹宵不睡地看著他們做。本來他們是很撤爛污的，編輯室的稿子儘管送來，他們慢吞吞地像和兔子競走的龜，隨意把多下來的稿子擱在一旁，置之不聞不問之列。我用蠻幹的辦法，一看見有一張稿子送來，立刻就查看有沒有人排，如果沒有人立刻接排，就對工頭提出質問，要他重新支配工作，如果人手不夠，便立刻和他吵，逼他立刻加入。每到時間表上的時到了，我便要他交出那個時候應該拚好的那一版；他交不出來，我就跳起腳來和他吵。時間表上所列的時間是根據他嘴裡說出來的，他無法抵賴，雖不願意「仰頭樂幹」，也不得不稍稍「埋頭苦幹」一下。工友們看著我那樣一點不放鬆地用足勁兒，居然引起他們的笑容和興趣，增加些他們的效率。「坐鎮」到版子鑄好上機，然後放心踏出印刷所的門口，東方已放射出魚肚白了。我在筋疲力盡中好像和什麼人吵了一夜的架！

這樣的印刷所，我想一定打破了世界的紀錄！我暗中把它比做一隻大笨牛，我們在後邊用手推著這隻大笨牛走，出了全身的大汗，用盡了全身的力氣，用大聲呼喊著，聲嘶力竭，才把它稍稍推動了一些。在諸君想來也許要怪我們自己也笨，既覺得這樣一個打破世界紀綠的印刷所不行，為什麼不掉換一個印刷所試試看呢？這話實際等於饑荒勸人吃肉糜！在香港你根本找不到另一家可以替你承印日報的印刷所。香港印刷業的落後，我到香港就調查過，原來知道的所以我最初並無意在最近期內就開辦日報，但是後來聽到有個印刷所，從德國買來一架簇簇新的頂括括的一九三五年式的捲筒印刷機，答應承印我們的報，誰也料不到竟至搖身一變而成了一隻大笨牛！其實印刷機的確不壞，毛病全在排字房。這事要根本解決當然非自辦排字房，鏟除包工制不可，但是這又是錢的問題。要有個設備比較完善的排字房，非有萬金左右的開辦費不可，這在我們這窮小子是無法應付的，所以要麼立刻關門，要麼只得毅然決然硬著頭皮負起推牛的任務。

推牛和吹牛不同；吹牛怪容易，推牛卻夠麻煩。但是麻煩儘管麻煩，總還可以用你的自由意志去推。還有一件困難的事情是我們更無法自主的，那便是在以全國為對象的日報看來，香港的交通實在可說是又一隻大笨牛。我們通常知道由香港開上海的郵船，最快的兩天可以到；至於航空，那就更快，由上海開到廣州，由廣州經火車到香港，隔天就可以到：這似乎不能不算是相當的快。但是實際情形卻沒有這樣順利，因為最快的郵船每月只有一兩次，其餘的船要四五天，五六天，甚至六七天才到。航空的信件嗎？屢次在你所收到的信件上印一個蔚藍色的戳子上面是Flight Delayed（飛行延擱），給你一個九天才到！

這種情形，在以西南為對象的港報，還不感到十分困難，橫豎它們的銷路偏重在西南，它們的新聞也偏重在「粵聞」、「港聞」，但是《生活日報》是以全國為對象，它的銷路是普遍於全國，它的新聞是以整個的中國做出發點，遇著這樣的另一隻大笨牛，便成了一個大問題。結果，每天在我的辦公桌上高高地堆著一大堆由全國各地讀者的來信，都說他們很要看我們的報，但是到得太慢了，要我們趕緊想法子。我們能怎樣想法子呢？最爽快的法子當然是自買一架飛機，或是自己定造兩隻郵船！但是這樣爽快的法子，在五年十年後的《生活日報》也許可以說出就幹，可是在香港貧民窟裡辦的《生活日報》，這句話僅在嘴上提一提，讀者諸位好友們聽了，就已經要感覺到我是在發瘋！

九

平心而論，如只想在香港辦一個地方的報紙，只想以西南為範圍，《生活日報》實在還可以在香港繼續辦下去，但是我們辦《生活日報》是要以全國為對象，而且看到每天堆滿桌上的全國各處讀者的來信都要求「遷地為良」，歉疚的情緒時刻在我們的腦子裡迴旋著。同時我們還有擴充股本，增廣規模的大計畫，於是便毅然決然遷移上海來籌備出版。

我一方面在香港完全以自己籌備的一筆款子試辦日報，完全以毫無黨派的民眾的立場辦報，正在排除萬難埋頭苦幹的時候，一方面卻時常聽到不可思議的意圖中傷的謠言。有的朋友告訴我，有人在造謠說我得到南京某鉅公十萬元，以離開上海為條件，於是就把這筆不清白的款子在香港辦起報來。又有朋友告訴我，有人在造謠，說我得到西南的錢，替他們辦機關報。這絕對衝突的謠言竟同時傳到我的耳朵裡，真使我覺得好氣又好笑。正在這樣遭受著莫名其妙的冤曲的當兒，忽然得到老友曾虛白先生的一封誠懇慰問的信：

韜奮學兄：

連讀賜寄《生活日報》兩期，異常高興。不客氣的話，從報人技術的眼光來批評，這兩期我實在不敢恭維，並且要說一句太簡單了；可是從朋友的立場說，惟其簡單，可以證明你這份報經濟的並不充裕，間接證明了我在此間聽到許多不利於你的謠言的毫無根據，你還是純潔的，還是在種種不利的環境中掙扎苦鬥著，就憑著這一點信念我感到非寫幾句去安慰我海南奮鬥的同志不可了。

從你報上接二連三的×××記號上看來，我知道港方檢查壓迫的利害或者更甚於上海，從你們引《時事新報》「阿國慘敗了教訓」句中，也發現了大批×××記號一點上看來，知道你直接受得的帝國主義的壓迫，比較我們更要利害。咳！在這時代何處真是言論自由的樂土！我同情你的苦痛，可是我不贊成你在港出版的計畫。

關於你編輯技術上，我有幾點供獻：

（一）改換字體：你的報是中型報！要在小範圍內容納大量的新聞，所以必用小體字，老五號是不行的，必改用新五號或六號字。

（二）新聞緊縮：路透電等，應重寫，摘其精華！要言不煩。

（三）初創時切勿廣拉廣告，徒陷於一般報紙低折扣登大幅廣告同樣之困境，應集全力注意推廣銷路；待銷路有把握，然後創小幅廣告而高價之例，應登者亦可踴躍。

（四）本報專電似太少。報紙人才應向外發展，編輯部有三四人主持足矣，其他重要人員應分駐各處。

這是我想看的幾點，順筆書此，毫無系統，望恕潦草，此頌

筆健。

弟制虛白手啟。六月十七日

這一封充滿著誠摯友誼和主持正義的信，好像在我患難中從天上降下來，使我發生很深刻的感動，這是我生平最不能忘卻的一件事。

我在香港常自恨力量微薄，當時《生活日報》的規模太簡陋，但是不料正惟其簡陋，使造謠中傷者不能盡售其技！

關於香港新聞檢查的情形，我以前曾經談過，凡是有關英國的新聞或言論，檢查得特別嚴厲，因為那裡是完完全全的英國的殖民地；可是關於抗日救國的新聞或言論。卻比較地可有相當的自由。

曾先生是新聞界的一位經驗學識俱富的健將，他的指教是很可寶貴的。不過在印刷業那樣落後的香港，六號字根本就沒有，新五號字極少所以只有死笨的老五號。我為著這件事，老早就和工頭開了好幾次的會議，結果是不可能。新聞重寫，我們的計畫中原也有，後來已漸漸的實行了。在香港的《生活日報》的廣告卻一開始就很神氣，據熟悉香港廣告界的朋友說，已和該地原有的銷路最大的日報分庭抗禮了。關於全國的重要通信網，後來也漸漸的精密起來。

此外我在香港所感到的精神上最大的欣慰，是共同努力於報務的幾位共患難的朋友始終不灰心，無論環境怎樣困難，他們總是鼓著勇氣幹著。他們的堅毅的精神，赤誠的義氣，和真摯的友誼是我所永遠不能忘的。我深信我們在這樣掙扎苦鬥中所獲得的極可寶貴的經驗，對於將來重振旗鼓的《生活日報》是有很大的裨益的。

韜奮先生的流亡生活

楊明

兩次流亡一次入獄

凡是一個革命者或是愛國者，在他的一生中，入獄和流亡大概是必然經歷的階段。到後來，有的是挨過了種種的磨折，終於實現了他的理想和信仰；有的卻被苦難侵蝕了他的健康，因此而喪失了生命。

鄒韜奮先生是我國近代罕有的政論家，也是最值得欽敬的愛國運動民主運動的領導者。不幸他在去年（一九四四年）死了，他的死正是流亡生活當中種種的苦難使他磨折而死的。

韜奮先生一生，曾經經過兩次流亡和一次入獄。

第一次流亡是從一九三三年七月到一九三五年八月。這次流亡的原因，是由於他主編的《生活週刊》，在「九一八」瀋陽事變及「一二八」淞滬戰爭以後，站在人民的立場，對政府有所請求與責難，而遭受到當局的誤會，處在朝不保夕的情況之下；然而促成他很迅速地踏上流亡之途的，卻是因為他參加了孫夫人宋慶齡女士與蔡元培先生等所發起的民權保障大同盟，並被推選為執行委員之一，該同盟總幹事楊杏佛先生的被刺，使他感到自身安全的威脅，所以不得不飄遊海外，去到歐洲諸國及美國考察了一趟。

入獄就是因救國而獲罪，和六位從事救國運動的同志，被禁閉在蘇州高等法院看守所八個月（一九三六年十一月至一九三七年七月）的一段事實。第二次流亡，是從一九四一年二月初開始，一直到他死。

韜奮先生的第一次流亡與八個月的獄中生活，他生前已在《萍蹤寄語》、《萍蹤憶語》及《經歷》三書中詳細敘述。至於第二次流亡的情形，還很少人知道，現在間接的從他的夫人那裡聽到一些動人心魄的陳述，特別介紹給讀者。

不能再在那樣的空氣中呼吸下去

一九四〇年的冬天，正是敵人轟炸重慶的第二年，很多房子都被燒夷彈燒燬了，或是被炸彈炸塌了，震壞了。電燈只有少數的幾條街道亮著，大多數的房子裡面都搖曳著螢火一般的油燈。房子外面更是一片漆黑，老百姓又回到中古時代的生活，打著火把或提著紙燈籠走路。那年冬天的風雨特別多，一下雨房子裡面都淅瀝地漏著水。

韜奮和他的夫人與孩子住在棗子嵐埡以北國府路以南的學田灣。他們的住宅叫「衡舍」。衡舍是一所有著舊式的外表而裡面卻有著新式的裝置，建築還算堅固的屋子。轟炸以後他們的屋子已經經過修理，但電是不會有了。

韜奮白天常常要進防空洞躲警報，晚上便蜷伏在油盞下面寫文章，看稿子。夜晚昏暗的燈光底下不敢出門，因為那時重慶的報紙上也登載有「剁豬鑼」和「綁架」一類的新聞。有什麼事情都是湊著白天警報的空隙時間出去。他從家裡出外，經常用兩條腿爬上三百多級的觀音岩，然後再遙遠地走到小什子銀行公會去出席憲政座談會，不坐轎，也不乘車。

物質條件的艱苦並不足以使他沮喪，而使他煩慮的，卻是另外一些暗影，在他的書桌上面堆積起起很多「不合抗戰需要」的稿件，這類的稿件越積越多，而在他卻認為這些正是討論抗戰癥結問題於抗戰有益的好文章。即幸而不被判定這種空泛的罪名的稿子也很多被分肢裂體，挖目換睛，他感到異常的痛苦和工作上嚴重的困難。其次，他一手創辦辛苦經營的生活書店，在抗戰發生以後，為配合需要曾發展到五十餘個分支店，那時候已陸續被迫停業，只剩下渝、蓉、筑、桂、昆五個分店了。還有，居然有人在堂堂的會議中造謠說他和沈鈞儒、沙千里兩先生等準備煽動群眾將要在雙十節那天暴動。他和沈、沙兩先生一同去見負責當局，詢問此項報告材料的來源，有沒有證據，負責當局卻又絕對否認有這件事情。許多朋友善意地向他提出警戒，他除了感激而外只是苦笑。

新年已過，時令還沒有轉變，冬之神忽然施展了他最嚴酷的威虐，吹打起一陣狂暴的風雨。韜奮先生看到有許多青年在風雨中抖索，哭泣，受到種種的迫害，又看到許多年紀大的人捶胸跌足，他看了這些情形異常的焦灼。

一九四一年二月初，這一陣暴風捲到了韜奮先生的身邊。在十天之內，生活書店的桂、筑、蓉、昆四個分店忽然間都被封閉，同事被拘捕，他氣憤到了極頂，他覺得實在不能再在那樣的空氣中呼吸下去了。

那時正是第二屆參政會第二次大會開會的前夕，他一面向參政會報到，一面擬了電函各一一向國民參政會主席辭去參政員職務；一向參政會同人告別。末後，他想起了多年對他提攜知遇的黃任之先生，在臨行的前一天晚上，特地跑去和黃先生告別。

黃先生勸他還是留在重慶繼續為國事奮鬥下去。他向黃先生解釋了他的處境與困難以後，他說：「叫我還有什麼顏面坐在參政會的議席上開會？叫我怎樣能夠無視一切的事實，強行抑制住我的感情，來和諸公空談國事呢？」他的聲音由哽咽而轉到高昂。最後他們悽然地分別了。

悄然出走

第二天的清晨，他脫下了習慣穿著的西服，換上一件古銅色的呢袍子。由一個共事十多年的老工友挑著簡單的行李，伴送他過江。踏上南岸，回頭向霧中的山城看了最後一眼。他默默看著這抗戰的心臟，他曾經在這中間跳動了兩年多的心臟——重慶，這時他的胸中攪和著依戀，惋惜、憤激、悲痛各種的情緒。

老工友替他安排好行李，向他鄭重道別說：「鄒先生，不知道是在什麼時候我們才能重行在一起？」他被這老工友的摯情所感動，他說不出話來，只是和他緊緊地握了握手。

汽車開動了，在車前展開了崎嶇曲折的漫長的旅途，走著走著，好像永久沒有走完的時候，他自己也不知道這旅途的終點究竟在那裡，車子爬越過工程奇偉的弔絲巖，沿途看到很多驛運的騾馬隊，以及跟在騾馬中間奔跑驅策的騾夫，他還看到許多傴僂著身軀在田間工作的農夫，他更清楚的了解，抗戰的力量是寄託在那些人的身上。

他乘坐的汽車是東南某省的公路車。他身邊帶著一份重慶某某汽車公司顧問某某某的身分證明書。有一位極熟的朋友和他作伴同行，但為避免引起別人的注意，兩個人在汽車裡只好裝得不相識。

他的隔座是一位某省省政府參議之類的人物，在無聊的旅途中彼此搭訕著聊起天來，先是問尊姓大名，高就那裡，韜奮就把背熟了默記在心裡的身分證明書上那一套說了，自以為應付得非常圓滿。豈料那位參議接著就問：「貴公司共有多少輛汽車？」「目前汽油的市價如何？」這一來可把他弄窘了，總算急中生智，說他是個技術顧問，事務上的事情向來不過問，勉強的敷衍過去。

有一次，車子在一個站頭上停了下來，乘客紛紛走到太陽光下去散步。忽然有一個青年，急步搶到他的面前，喊著說：「您不是韜奮先生嗎？」他和他的朋友都吃了一驚，他連忙說：「你認錯了，我並不是的……。」那個青年悵然失望而去。

到達衡陽，他和他的朋友分了手，獨自一個人乘湘桂鐵路的夜班車去桂林。走進車廂，坐定以後，就把白天在衡陽買的報紙打開細細的閱讀。他雖然離開了重慶，還是掛懷著重慶一切的動態。這時有一個青年打從車廂裡經過，走過他的座位的時候對他疑惑地看了一看。隔開半分鐘，那個青年又走了回來，他連忙把報紙移上一些，將自己的臉龐遮住。那個青年來回的走到第四趟，立定了探身近前輕輕地問：「您是韜奮先生吧？您不認識我了，我是某某某。」原來是和他曾經在一起工作過的同事，他喜出望外。

車到桂林，由這個青年照料他，去尋訪一位在本省有相當地位，並且也是救國會的同志的廣西朋友，這個朋友殷勤地招待他。

全家跟著走上流亡之途

在他出走後四五日，他家裡來了兩個不速之客，一推進門就毫無禮貌地向往屋子裡衝了進去，立刻眼睛就向各處打轉，他們特別注意的是一張書桌。

「二位有什麼貴幹？」韜奮夫人很客氣地問。

「我們知道韜奮先生已離開了重慶，是到什麼地方去的？有沒有信寄回來？」這兩個不速之客說。

「他這次是激於氣憤出走的，並無一定的目的地，我也不知道他將飄流到什麼地方去，離家以後並沒有信來。」韜奮夫人婉轉地回答。

「希望鄒太太不要走，我們一定要把韜奮先生找回來。因為幾日來慣看到鄒太太到寄售商店去賣掉舊的衣物。」這兩個不速之客加重了他們的語氣說。

「呵！我現在還沒有這樣的打算；在韜奮出走以後，我們為了生活不得不賣掉一部分舊東西。」她也用沉重的語氣回答。

過了兩天，前次來過的兩個不速之客中間的一個又光臨了。時間是清晨，韜奮夫人還沒有整妝，打開房門一看，就想把門關上換一件衣服。這個不速之客隨即當門一立抵住了房門，一面說：

「聽說韜奮先生已到了桂林，住在什麼地方，桂林有那些熟朋友？」

「我全然沒有接得他的消息，我沒有辦法答覆你這些問題。」韜奮夫人不耐地說。

過兩天這個不速之客又來了！……韜奮夫人感到不勝其糾纏，於是也只好收拾了行李，攜帶著孩子，跟著走上流亡之途。

後來知道，重慶曾經有電報去桂林探詢韜奮先生的蹤跡，他恰恰於前一日飛往香港去了。

留港努力民主運動

韜奮到了香港以後，看到名記者兼國際新聞社的創辦人范長江，已先他而抵香港。正在與胡仲持及港紳鄧文田等籌備一種報紙，定名為《華商報》。

韜奮問起長江怎麼也來香港。

長江說在他離開桂林以前，有一天李濟琛請客——李當時是軍事委員會桂林辦公廳主任——被邀的客人除他而外，還有經濟學家千家駒。千原來在廣西大學擔任經濟學系主任，學校經過一度改組以後，千已被解聘。席間李濟琛對他們說：「今天我們要痛飲一番，此後恐怕很少這樣的機會了！」這明明是一種暗示，他們意會到不能再在桂林住下去了。於是長江就趕緊將桂林的國新社辦理結束——那時重慶的國新社已先奉令停止工作——長江本人便來香港，因為國新社在香港也設有分社。

長江及其他一些朋友，問韜奮今後的計畫怎樣，是否留在香港，還是預備出國。他向他們表示，自己並不適宜在政治方面發展，還是願意做一個新聞記者，站在人民的立場對國事提供一些意見。兩年多參加在參政會中，原想當國家危急存亡的關頭，有效地盡一點力量。現在，事實離開這一希望已越來越遠了：抗戰軍事陷於停滯狀態，政治上發生了種種黑暗倒退的現象，國內團結問題更呈現了劍拔弩張的形勢，時機十分的危急。

他說他的出走，並不是對國事絕望，相反，正是一種積極的表示，用的行動來喚起國人的注意，以及一部分人的反省。現在的問題是先要求對政治的改革，政治的改革首先要實行政治民主化，政治民主化了，然後才能用人民的力量推動軍事，獲得最後的勝利。此後，本著他新聞記者的責任，要竭力從輿論方面為民主政治呼籲。目前的重慶不容許他這樣做，遠離祖國不能夠影響國內，所以他預備留在香港，努力民主運動。

在長江的敦勸之下，韜奮答應為《華商報》撰寫一篇長文，將他兩年多來在重慶參加政治活動所接觸的一些事實做一番檢討。這長文的題目名為〈抗戰以來〉

為生活深夜揮毫

從重慶桂林各地陸續去香港的文化工作者，前前後後有幾十個人，他們去香港的原因，和韜奮長江大同小異，大概都是不能繼續留在原地或原崗位工作，所以只得出走。韜奮一面為《華商報》撰寫〈抗戰以來〉，一面和幾個朋友籌備將以前在上海刊行的《大眾生活》復刊。過了些日子參政員梁漱溟先生也來到香港籌辦了《光明報》。黃任之先生前赴馬尼剌勸募戰時公債返國經過香港，也籌辦了《國訊》旬刊香港版，一些救國會留港會員出了一種叢書叫《救國叢刊》，香港的文化空氣盛極一時。

韜奮的撰述工作也加倍忙碌起來，幾乎每天要寫到深夜一二小時。同時還從事翻譯工作。他的夫人屢次勸告他要注意身體，不可疲勞過度，他還是不能停筆。

他所以這樣忙碌於寫作的，除了上述的目的而外，還有一個原因：就是為了生活不得不如此。

他初到香港，沒有固定收入，為了維持一家的生活，曾經去找過一個老朋友，請他代尋職業。

這位朋友向他提出某種勸告，他覺得這個勸告在他很難接受，只好將找職業的念頭擱起。因此他不得不加緊在筆頭上去尋求生活的辦法。

他寫的當然離不開現實，離不開他的遭遇，離不開他的主張，每逢寫文的時候，他的情感也就跟著筆尖的起落而澎湃，多寫一文，也就多一次的激盪。

有時他感到頭腦有些漲痛，以為是熬夜所致，並不放在心上。

炎夏已過秋又臨，雙十節《光明報》上，刊出〈中國民主政團同盟〉的宣言與政綱。該同盟在重慶成立，包括國共兩黨以外的各黨派：國家社會黨，青年黨，第三黨，職教派，村治派以及教授派。成立以後不能在重慶公開發表他們的主張和態度，所以「光明報」的刊載還是第一次的宣布。韜奮因為該同盟政綱中的鞏固團結，實行民主，加緊反攻，正和他的主張相同，所以也以個人資格和他們經常發生聯繫。從此寫文以外又忙於開會，他的從事民主運動又進了一步。

大鵬山北響起了砲聲

正在緊張熱烈的時候，大鵬山北忽然響起了砲聲。

十二月八日那天早晨，先聽到飛機轟炸，韜奮一家都從夢中驚醒，還以為是防空演習，但爆炸的聲音太過逼真，又不像是演習。他們住在九龍的彌敦道接近尖沙咀碼頭的一端，他們從窗口看去，看到碼頭上擠滿了人，在人叢中有不少卡車裝載著印度兵向北急駛而去。他們知道確實是發生了戰事。

范長江急匆匆地跑來，說日本已在那天晚上向英美宣戰，新界以北的敵人已循廣九路向大埔等地進攻。渡船停駛，港九交通斷絕。

他們商量了一番，以為九龍難以持久，為避免危險還是過海，如有船隻可以離港，也是香港較便。於是長江派人去尋找過海的船隻，韜奮便派人分頭通知住在九龍的另外一些朋友。

到了下午五點多鐘光景，國新社朋友通知，說已僱到過海的船隻。韜奮和他的夫人與孩子不及攜帶衣物，趕到油麻地落下一隻小木船，船上已擠滿了很多熟人。船趁暮色昏暗中偷渡到香港。

第二天，第三天，形勢愈加嚴重，香港已在敵人砲火的射程之內，敵人的隊伍似乎已到達九龍的青山道。香港的房子糧食都起了極大的恐慌，誰也說不出究竟什麼地方比較安全，大家都在這彈丸之地惶亂地奔跑移動。

十一日，情形更為嚴重了，看上去九龍馬上就要失陷，說不定日軍立刻會衝過海來，朋友們約韜奮出去和他商量，為他的安全打算，勸他和家眷分開到另外地方去隱藏。

他感到有一點為難，在萬分危險的時候，要他和家人離開，大家不能相顧。

有一位朋友說：

「韜公！你不可為私情所累！」

後來，他答應了。但是他一定要回到他們借住的朋友家裡和他夫人說明一下，他才肯到另外隱藏的地方去。

砲彈在天空飛舞，電車，巴士都已經停駛，街上寥寥的行人，每人都是慌慌張張，臉上呈現著恐懼憂急的神色。

韜奮氣急慌張地走到朋友家裡，向他夫人說明了朋友們對他愛護的好意，並且託朋友照料他的夫人和孩子，一時大家被包圍在生離死別的空氣中。

他的夫人含著眼淚對他說：

「既然這樣，你還是早一點去吧，天色已暗，晚了走路不便。」

他又慌慌張張地走到街上。

當天晚上，他由一位朋友帶到半山一所房子裡暫時登著，孤零零地沒有一個陪伴的人。窗外閃著砲火的紅光，紅光一閃，跟著便是一聲山崩地裂的爆炸聲，他在想——每一個住在香港的人也都這樣在想——說不完這一砲會打中他所住的房子。到了這種境地唯有聽天由命。

大菜館和貧民窟裡

好容易熬過一夜，第二天有人來送飲食給他，他的夫人也找到這裡，帶來了食物和報紙。下午一個朋友來同他到雲咸街一家西服店樓上去暫住。他非常感激這班朋友，他知道他們也和自己一樣，人地生疏，沒有當地的親戚朋友關係，不知他們已經為自己盡了多少力最奔走設法，才找到這樣的地方。

過了幾天，又由這位朋友領他到灣仔一家西菜館去住。對這家西菜館的老闆說，他是一個記者，日本人來了恐怕要對他不利，他沒有家眷在香港。

這位老闆很同情，每飯特地為他備了葷菜，在鹹菜中放上幾條牛肉絲，或者一塊鹹魚。但是他看見眾夥計都沒得吃，他也不好意思下箸。

他的夫人實在想去看看他，由那位朋友設法約定時候，將他的夫人領到隔壁一家騎樓上去，他也站到西菜館的騎樓上，兩個人談了幾句話。他的夫人見他已換上一身老百姓的衣服——布的「唐裝」。

這樣過了一個多星期，那西菜館又不適宜再住下去了。

由那位朋友的夫人在一個貧民窟裡找到一間房子，他搬了過去，由他的夫人去陪伴他。

那所貧民窟是在一家小照相館的二層樓上，有樓梯直通街道。屋內沿門的一邊連排了四張鋪位，每一個鋪位都住著一家人家，飲食，坐臥，工作，休息都在這張鋪位上。另外再用白布將房子隔成三間，他們住的是臨騎樓的一間。這裡面不用說都是住的鳩形鵠面販夫走卒之流的人物。

他們在棚帳式的房間裡鋪了兩個地鋪，黑夜和白天都躺在或者坐在地鋪上面，滿屋的人聲，從早到晚噪雜不堪，隔著布簾飄過來的鹹魚臭，起初頗不能忍耐，後來也就習慣了。韜奮覺得這一切的一切，對於他正是最好的體驗的機會。

街上掛上了白旗，那天正是聖誕節。

他們兩個偷偷地蹲在騎樓的欄杆後面看看街道上。

砲火的威脅是解除了，但是敵人的魔掌卻更逼近。

敵人姦淫搶掠的事情不斷地傳入耳朵。市面上發現了軍票，港幣以二作一折合軍票。他們的現款和存糧都只能維持很短的時候。

一天一天的挨著，好容易在一月十一日下午，一位老朋友尋了來，說有朋友來通知，可以從九龍逃往國內自由地區。於是第二天韜奮便和一批朋友，提了小包裹，別了家人向九龍進發。

偷渡香港海峽

香港是一個孤島，九龍接連著大陸，當時逃出香港的路徑有兩條：一條是向西北行，由香港趁木船到澳門，再經過鶴山、肇慶等地到達廣西的梧州。一條是向東北行，先渡海到九龍，從九龍步行到淡水轉惠陽，或者趁木船到沙魚湧，再由沙魚湧經淡水到惠陽；然後再由惠陽沿東江經河源、龍川換公路汽車達曲江。

由海道行費用較大，加之當時港澳一帶的海面上海盜非常活躍，並有日本軍艦巡邏，安危難測。韜奮和他一班從事文化工作的朋友，平時生活本很艱苦，戰事發生以後，經濟更為困難，為經濟和安全著想，所以就決定由九龍走到寶安，通過東江游擊根據地達大後方。

第一個難關是要從香港偷渡到九龍。香港淪陷以後，不但航渡不曾恢復，舢艇渡海也被日軍所禁止，大時代書局的編輯蔣學楷就是偷渡遭日軍射擊而喪命的。

韜奮在一月十二日下午四點鐘光景，隨著領路的人，離開他避難的貧民窟，曲折向東行。看到店鋪都關著門，街上擠滿了閒散遊蕩的人群，沿著人行道，擺設了很多的賭攤，每家店鋪門口都掛著紙製的膏藥旗。在一個配購糧食的店鋪門口，排著四五個人一排，大約有一百多米長的飢餓的行列。韜奮看到這種紊亂、黑暗、悽慘的景象，他微微的嘆了一口氣，他心裡在想：「不滿四十天的功夫，香港竟變成如此模樣！」

他們走到銅鑼灣，穿過一條噪雜的小街，街的盡頭便是海岸。領路的人僱了一隻小艇，搖了一會，小艇在一隻大船旁邊停下來。韜奮被攙扶著爬上大船。

大船上已經有十幾個熟朋友和一部分的家屬等在那裡，也都換了老百姓的服裝。大家一見面真是「相逢如隔世」，都跑過來同他熱烈地握手，向他慰問。接著就有許多人搶著訴說各人在這三十多天內的遭遇：有人被日本人拉去當過火伕；有人做過小販。韜奮也簡略地說了他的避難生活。

當晚他們便在那大船上息宿。

第二天天色將明，大家都被喚醒了，收拾了鋪蓋衣物，走出艙來，天上還亮著幾顆寒星，九龍的綠色煤氣燈在歡迎著他們。

迷霧緩緩地揭開，三五尺遠近的水面上映出了白色，大家立刻被招呼下了艇仔。人下齊了，艇仔用足力氣向九龍划去。

每個人都沉默地坐著或伏著，緊張地向海面看望。除了櫓的伊呀聲，拍水聲，可以聽得出每個人的呼吸。幾個女孩子偎縮成一團，晨寒逼人，緊張的情況更使她們駭得發抖。

海面上的景物一樣樣的映入眼簾，前面已經是九龍的堤岸。艇家爬上岸去拴了一根粗繩索，艇仔上的人一個個拉著繩索，踹著岸邊比較凸出的石塊爬上岸去。這時岸上走過來一群流氓，領路的人開發了一點錢。

艇仔上的人都上了岸，領路的人在前面邁開腳步向前走，他們也都急急地在後面跟著，九龍街道上紊亂擁擠的情形，也和香港相同，但開門的店鋪似乎比香港多一些。

走到一個地方，有人招呼他們，說：「各位都不慣走路，今天恐怕已經相當累乏，請在這兒休息一夜，明晨再從九龍出發。明天的路更長，還要爬山，要步行三天才到達游擊區，所以不必性急。但請諸位絕對不要出去，日本人已在九龍開始清查戶口，並在搜索他們認為與政治有關的人物。」

大家聽了又喜歡又躭心。

韜奮看了看同伴，已個個走得面紅氣急。他對他們說：「我們這班文弱書生，真不濟事，既不能馬上立功，連逃性命也力不從心。今天不過是小試鋒芒，明天恐怕還要大大地出彩呢！」

大家聽了都忍不住的笑出來。

越過了梅嶺

他們在九龍住了一夜，第二天一早起來，用過早膳，各人再將攜帶的行李細細的整理一番。

韜奮將他的包裹斜套在背上，將眼鏡取下來放在衣袋裡。一個青年朋友對他說：「韜奮先生！您揹著包裹太沉重了，我帶的東西很少，讓我來幫您拿吧！」

「謝謝你！我覺得我還可以揹負，等到我實在不能夠的時候，再請你幫忙。」韜奮很謙和地回答。

他們出發了，由九龍的街市走向青山道，從四處來的成群結隊的難民，也都匯流到這條路上來。領路的人加速了他的步伐，他們也急急地跟上去，幾個女孩子幾乎是連跑帶跳的走著。

裝載著日本兵的卡車從對面駛過來，還有些日本兵在道旁村莊裡搬運草料，他們低著頭向前邁進。

有幾個人落伍了，韜奮還是向前追趕。他的腰向前面傾斜著，眼睛看著地上，又不時的抬起頭來向前面的同伴看一看，別人可以看得出，他的心裡比他的腳步還要急上若干倍。

這樣走了將近兩個鐘點，走到荃灣。

穿過了荃灣鎮，領路人停下腳步，要大家坐在路旁草地上休息。落在後面的人一個個追趕上來。領路人說：「我們要準備爬山了！」大家站起來，撲去身上的塵埃。隊伍穿過了青山道，折入一條山路。山腳下是一些亂石，一步一步的往上爬，領路人催著大家快爬，大家的腿都有一點不由自主，韜奮雖然有過重慶爬觀音岩的經驗，但在這亂石中行走，還是平生第一次。

轉過了一個山頭，漸漸的有了平路，領路的人回轉到後面去看了一看，說：「現在可以慢慢的走了，實在走不動的人也可以休息一下再走，但不要距離得太遠。」大家心裡才寬鬆下來。他們走的是一座荒山，山上除了野草以外，沒有別的植物。領路的人說，這山上本來沒有路，這條路是他們踐踏出來的！

有人看到東面山腰處有一條蜿蜒的石道，據領路人說，是英國人為軍事需要特別建築的交通線。可惜這次並沒有來得及運用，枉費了很多的人力。

行了一程又一程，過了一峰又一峰，人們身上的衣服脫了一件又一件。

韜奮忽然「阿呀！」一聲，大家吃了一驚。

原來他的一件絨線背心遺忘在九龍了。他笑著對朋友說，他向來不會管理自己的生活，只知道寫文章，剛走出九龍就發生了事情，真慚愧！

女孩子們說：「鄒先生，不要緊，弄到絨線，我們給您結好了。」路由上坡變為下坡。遠遠地看到了樹林，看到了屋舍。領路的人說我們今天的目的地已經到了。

第二天早晨，他們又離開了這荒山的小村。走的都是山間小道，偶然看到一兩個採柴農婦而外，看不到人煙。

走完了山道，是一片田野，田間大半種的是蔬菜。

他們在離開元朗只有七、八里路的一個村莊裡息了一夜。大家已不像昨那樣的叫苦，腿走得發直，站著來不下來，坐著站不起來。這一天走的路很平坦，一路很安靖，是最省力最平靜的一段路程。

第三天一開始就很緊張，當他們過元朗鎮的時候，有不少小隊的日本兵在檢查行人，領路的人很巧妙的避開了檢查的地方。

接著他們沿著從元朗往深圳的柏油路走，沿路由廣州間來的日本部隊和運輸汽車絡繹不絕，地區僻靜，住民稀少，不像青山道那樣眾目睽睽，日本強盜一時興致起來，和難民開開玩笑等是可能的。領路的人儘催著他們緊緊的跟著難民大隊不要落後。

緊張地走了一陣，從柏油路折入土路，走到一條小河邊，一隻小渡船將他們渡過河去。

正走著的時候，村莊裡跑過來四五個日本兵，一面跑著一面喊著，領路的人招呼大家立定，他一面對日本兵說，他們是香港逃回來的難民，他們都是寶安縣人，想從梅嶺回鄉去。

日本兵看他們穿著都很儉樸，行囊又很簡單，一個班長模樣的日本兵點點頭，咕嚕了幾句，就有四個日兵扛著槍分開在他們的前後，說是護送他們到嶺下。

韜奮和他的朋友們，當看到日兵跑過來的時候有一點慌亂，後來也就鎮靜下來。這幾個日本兵真的是護送也好，或者將有其他的舉動也好，反正他們從戰事發生以後，早已將生命置之度外。矗立在前面的梅嶺，愈來愈近，愈近愈高，前面的兩個日本兵忽然停住腳步，朝著山上向他們揮了揮手，他們四個去了。

韜奮和他的朋友，對於這意外的遭遇，感到有趣。

他們走上梅嶺，山上有茂密的樹木。忽然聽見一陣不太尖銳的劈拍聲，山上有兩處火焰在樹林間翻騰著。

領路的人說是日本兵放的火，他們深怕我們的游擊戰士隱藏在樹林裡襲擊他們。有一個朋友說：「敵人燒光這個山頭，還有別的山頭呢。」

韜奮說：「在這次戰爭中，我死的機會非常之多，現在居然逃出了危險的境界，可以說是日本人留下的一個活的山頭。」

另一個朋友補充說：「這個山頭不但打擊敵人，還攻擊一切倒退黑暗的陣營。」

山野草寮裡的生活

韜奮和一班從事文化工作的朋友，走下梅嶺，便到達寶安縣境的一個村莊。這裡已經是東江游擊根據地的範圍。游擊隊在這村子裡臨時設有招待所，專招待逃難過境的人士。

當時經過游擊隊的協助而去大後方的逃難人士，除了留港的文化人而外，還有從集中營逃出的英國軍官士兵，英美僑民，大幫小群的商人和愛國的青年學生。

韜奮他們原來想一到達游擊根據地，立即轉赴大後方。不巧淡水惠陽一帶正發生戰事，又逢舊曆年底，路上很不太平，因此在游擊根據地滯留了兩個多月。

他們從招待人的口裡簡單的知道一些關於游擊隊的情況：

東江游擊隊的名稱叫做東江人民抗日游擊隊。是華南幾省的人民，還有南洋回國的華僑所組成，參加的有智識份子、農民、工人、商人。其中有一部分是共產黨員。這支游擊隊還在生長之中，沒有固定的區域，也沒有建立抗日政權，只是以廣東的東莞、寶安、淡水幾縣作為他們打擊敵人的根據地。他們隊伍駐紮的地方大半是深山荒野。他們的經費靠自己經商，和一些愛國商人的捐款來支持。他們的工作除了抗日軍事而外，還有宣傳出版、訓練幹部等工作。他們絕對不擾民，也不與問民政，但一沾鄉下的老百姓都誠心盡力地和他們合作。

因為游擊隊不佔民房，韜奮和他一班朋友被招待在山野間的草寮裡住居。所謂草寮就是人字式的草棚，裡面沒有任何設備，睡的是用竹子架成上面鋪以竹片覆以稻草的統鋪。一個鋪睡一二十個人。有的草寮連這種竹子的統鋪也沒有，就是地上鋪些稻草，睡眠休息都在地鋪上面。吃的是土灶上燒的大鍋飯大鍋菜。

有人不習慣這種簡陋的生活，發出不滿的言語；韜奮卻始終很愉快。招待人一再殷勤地問他們需要什麼，他們可以盡力去辦。韜奮屢次的婉謝，說他們住在那裡已經給與游擊隊的同志很大的負累，希望對於他們不要再有特殊的待遇。朋友們對韜奮這種刻己愛人的態度，在背後十分的讚嘆。

韜奮每天早晨起來走到溪邊去漱洗。有時也在溪邊洗浴或洗濯衣服，同伴要幫他洗，他說他願意自己做，生活上的事情他要樣樣學會，隨便走到什麼地方，不論處在怎樣的環境中，才不至感到困難。

衣服洗好晾在樹枝上，乾了收下疊好藏在包袱裡，他弄得井井有條。

他變得活潑年輕了

韜奮和他的朋友們，每天除了處理生活上的瑣事而外，最多的時間是用來談天。有時是對談，有時是三五成群的合談，有時是全體會談。談話的範圍，從個人的生活到國家大事，談得最多的是他們過去的工作，使大家最感興趣的政政治上的一些軼聞祕史，有時連鬼怪神話，也無所不談。

有一次他們談到各人在香港戰爭中的損失，有人說，他有許多寶貴的書籍從內地帶到香港，在香港又買了很多在內地買不到的書籍，都被同住的人丟棄了。有人說，他幾年來精心研究的著作文稿被寄放的人家燒毀了。韜奮說，他的未出版的著作和譯稿連全家所有的衣物，都被房東冒稱有人搶劫搬光了。他們慨嘆著說，這次對於他們是一個浩劫。他們如果不被迫出走，不至碰到如此酷烈的遭遇。做中國的文人實在最不幸，不但得不到半點的鼓勵與保障，而且作品與人都橫遭迫害。中國的文人除非歌頌功德，否則便是屈辱和流亡。

有一個朋友對韜奮說，「您假使一到香港就去美國，可以不受這次的劫難。」韜奮告訴他們，有一個朋友，叫董之學，曾在軍委會政治部第三廳任職，他在重慶向外交部領得了護照，預備到美國去考察，到了香港，被海外部阻止出國，悶住在香港，在戰爭中病死了。他在香港總算還做了一點事情。

在兩個多月中，他們為了掩護自己，避免敵人的襲擊，經過好幾次的移動，有時在黑夜中摸索，有時在雨水裡淋漓，韜奮始終不叫苦，而且表現了他從來所沒有的興奮。朋友們都說，韜奮比在辦公室埋頭寫作的時候變得更活潑更年輕了。

他自己說，在這兩個多月中，他完成了游擊戰士的生活課程，可惜游擊戰士的軍事課程，他還沒有機會學習到。

隱居在廣東鄉間

三月底韜奮離開了東江，打算先到桂林再去重慶。行至中途，得到一個於他非常不利的消息，他不但不能再去重慶，並且不能在任何一個後方城市公開出現。這個消息使他受到極嚴重的刺激，他不料踏入祖國的自由地區反而不能自由。因此他不得已臨時改變行程，轉赴粵東某縣的鄉下去暫往。

借住的地方是一個在南洋經商的友人家裡。這友人家裡有著寬敞的住宅，主人也因戰時交通阻塞休息在家。這位主人對韜奮非常欽敬，尤其同情他那時的處境，勸他安心住在那裡，想出種種方法來為他解悶，並應允他待交通恢復，為他設法尋找書籍，讓他在那裡進行研究著譯的工作。韜奮覺得憑白地打擾主人，心裡很為不安。

韜奮有著接近民眾的天才，沒有多久，他已能用客家話和村子裡的鄉民談話，鄉民們純樸坦直的說話解除他很多的鬱悶。這班鄉民都覺得這位先生對人很親熱，但不曉得究竟是誰。

炎熱的天氣韜奮常到附近的小河裡去游泳。有一天右耳中忽然流出一些黃水，他以為是游泳時不小心，弄進了污穢。

在孤寂的生活中，他時常懷念他的夫人和孩子。那時他的夫人已經攜帶著三個孩子從香港到了桂林。因為他的關係不敢公開和戚友往來，住在桂林近郊一所陋屋中。費了許多周折，他們才能通一封信。韜奮為了不放心他們，特地轉託朋友在桂林照料他們，不料卻因此而引起許多人到廣東去探詢他的行止。

韜奮深恐住下去將對主人不便，辜負主人一番美意；同時他是不慣閒居的人，就決定到蘇北和華北考察，他也很想去考察一下各抗日根據地民主政治的實際情形，作為他研究中國民主問題的參考。

從廣東到上海

九月間，韜奮和一個朋友辭別了那位主人，由於情況的特殊，他這次的旅行此他從重慶出走時更為嚴重。他對他的同伴說，「如果沒有你，我自己覺得沒有能力可以使自己平安地到達上梅。」

到了曲江，要改趁火車去長沙。他們知道曲江是一個非常重要的地方。在曲江住的是水上的活動旅館，他們不敢早到車站去等火車，一直挨到火車駛行前的五分鐘，才去車站。不料一到車站，看到火車剛開動，又急忙回頭找了另外一個活動旅館，住了一夜。第二天終算平安地上了火車，並且安然到了長沙。

從長沙趁坐小船到南縣。剛在一片小茶館裡坐定預備休息吃飯，這時忽然有人從他們的背後伸手過來將他們兩人抱住。他們大吃一驚，立起來回頭一看，有四五個偽軍，掛著短槍，兇狠狠地問他們從什麼地方來的。有兩個兵打開他們的箱子翻出西裝衣服和其他的用物，問他們究竟甚什麼樣的人物。他們稍稍鎮定以後，那個同伴才說，他們是香港逃出來的難民，預備回上海去，為了行路方便，所以換了短裝。請他們細細檢查有無違禁品或其他不正當的東西。這幾個偽軍翻了又翻，果然翻不出什麼，才放了他們。

到了漢口，住在旅舍裡，為了候船耽擱了許多日子，不時有日本憲兵來檢查。過著流亡生活的人沒有一刻不是提心吊膽。

一路上韜奮的右耳中不斷淌出黃水，但並無痛楚。

抵達上海，那時上海正是最恐怖的時期，馬路上時有暗殺的事情發生。

韜奮躲著不敢出門。直到決定去蘇北的日期，才去找醫生看了看耳病。醫生說是中耳炎。環境既不允許了他細細的診治，或者到設備較好的醫院去就診，他自己也以為不久便可痊愈，因此就帶著病到蘇北去了。

老太太提香籃伴送

韜奮從上海去蘇北，是在三十一年十一月，那時不但上海是最恐怖的時期，整個淪陷區也是最恐怖的時期，日本強盜企圖用憲兵、特務、電刑、老虎櫈、監獄、槍斃來制服淪陷區的人民，使得淪陷區的人民服服貼貼的受他統治，聽他宰割。

蘇北當然是日本強盜極其注意的地區，一面用軍隊向該地掃蕩，一面加緊監視該地對外的交通。上海和蘇北的交通線和港口更被嚴密的監視著，行人中遇有他們認為可疑的，不是立加拘捕，便是迫蹤暗探，危險非常。因此，韜奮的去蘇北，為他的安全著想，需要有十分周密的準備和布置。

有一位老太太聽到這件事，她情願伴送韜奮前去。

這位老太太是一位埋沒在民間的愛國的母親。她有兩個兒子在軍事機關為國家服務。有一個女兒戰前因參加救國運動被捕，她老人家也被牽累入獄。她愛她的女兒，她更相信她的女兒，她相信她的女兒的行為是正當的，是為了祖國，是為了大多數人類的幸福。所以她老人家被捕以後，她並不恐懼，釋放以後她也不對她女兒的行動加以阻止。她另一個女兒在某地參加戰時工作，三十年春天以後斷絕了音訊，她傷痛，她難過，但是她並不承認是她女兒的錯誤。

老太太從她的女兒身上去了解韜奮，敬愛韜奮，所以她情願冒著極大的危險伴送韜奮。

和他們同行的還有一個二十多歲的女孩子，她和老太太臨時認作母女，韜奮就做了老太太的女婿。此外還有一位領路的青年人。他們動身的時候，老太太提著一個香籃，衣襟上掛著一串佛珠。

韜奮脫去眼鏡，看不清楚，只得裝作生病，和老太太兩人彼此攙扶著。一路上開口交涉的事情都由那女孩子擔任。登車過船，總是老太太勇敢居前，照料著這位病女婿。

他們在南通附近的一個江口登陸，再走幾里路便到了蘇北的敵後根據地。

韜奮對這位老太太謝了又謝，說一路上一帆風順，都是老太太還有老太太的香籃所賜。

過了幾天，老太太要回上海了，那邊一時不容易找到適當的人相送，老太太說不要緊，她就一個人回到上海來了。

以後韜奮常常想起這位大眾的慈母。

住在一個鄉紳家裡

韜奮的前去蘇北，新四軍和當地人士都熱烈地表示歡迎。韜奮告訴他們，此行的目的在於實地考察敵後抗敵的情形，及民主政治的實施狀況。蘇北考察完畢，還預備從蘇北到華北作同樣的考察。

韜奮被招待住在一個鄉紳的家裡。那個鄉紳據說是一個地主，看上去他和新四軍方面處得很融洽，韜奮覺得有一點奇怪。有一天韜奮和這位鄉紳談話，他問他有多少田地，收成好不好，租收得怎樣？

那位鄉紳好像很懂得韜奮的意思。他說他所有的地一點沒有減少，租地的農民也不短少他的田租，不過租額比較以前減少了一些。

韜奮問減少多少，由誰來決定。

那鄉紳說，多少沒有一定，要看收成和地區的情形酌定。像有些受軍事破壞最利害的地方，全免的也有。有的由農抗會提出，交參議會討論決定，也有的由負責的機關決定。

韜奮又問決定得公平不公平。

那鄉紳說參議會裡有地主也有農民，不會不公平。在現在這個時候，為了打日本，只有大家吃點苦，大家都過得去。

韜奮從一個在當地做工作的朋友的口裡知道，那個鄉紳在幾次敵人的大掃蕩中，曾幫了新四軍很多的忙。他說地主中間有比較開明的，也有比較頑固的，但大多數的地主都是愛國的，抗日的。為了抗日需要將地主團結起來，為了實現民主，更需要將地主團結在一起。

有一天當地的紳士為了歡迎韜奮，在一家公司裡舉行了一次盛大的宴會。參加的人有的是鄉紳，有的是大商店大公司的經理，有的是地方的耆老。他們問了韜奮許多大後方的情形，他們問了韜奮對國事的主張，還說了許多久已仰慕的話。

那家公司是當地最大的民營商業機關。據他們說因為蘇北物資缺乏，民營商業受到很多優待。當地政府對民營工業更為鼓勵，但因機器原料購置運輸的困難，還不容易有發展。

這一席豐盛的筵席，吃了好幾個鐘點，賓主才盡歡而散。

韜奮住在那鄉紳家裡，過了一些日子，他的耳病忽然嚴重起來，右耳到右頰，覺得隱隱刺痛，痛得最劇烈的時候，裡面像有蟲蟻咬嚙。

數千聽衆的演講會

自從一班紳士宴請韜奮以後，消息漸漸的傳開去，有很多人都知道他到了蘇北，大家都渴望著見他，聽聽他的言論。蘇北文化界請他在新年舉行公開演講，各地民衆和工作人員可以趁休假的日子前來聽講。地點是在距離南通城市十餘里的一個鄉鎮上。

在他演講的前一日，他的病剛巧又發了。

有一個報紙請他寫一篇文章，預備在新年特刊中登載，他在夜間趕寫。有一個朋友伴著他。

夜深了，寒氣透過了他們的棉衣直逼肌膚，腳凍得像冰一樣冷；可是韜奮的頭部，像有幾十根燒紅了的針在炙刺。他痛著，牙齒間發出「絲！絲！」的聲音。他的眼睛裡含著淚，右邊半個面孔漲紅著。他不時用手撫摩著痛處，他一會站起來在屋子裡跑著，一會又坐下去。

那位朋友勸他休息，不要寫了，既然痛得這樣利害。

韜奮不肯，他說他停筆已經一年多，好久蘊蓄在心裡的說話，要趁此機會傾吐一下。況且明天能來聽講的只是較近的民衆，還有許多較遠的民衆，一定也對他抱著同樣的希望，希望聽聽他的言論，他不願意使他們失望，所以無論痛到怎樣地步，這樣文章非寫不可。

他痛定了一點，就立刻握筆疾書。那位朋友看到韜奮這樣熱愛著自己的工作，和病痛奮鬥的情形，心裡無限的感動，他不忍再勸阻了。他想如果一定要勸韜奮不寫，也許他要比病痛感覺更痛苦。就這樣痛一會寫一會，一直到寫完一篇文章才放手。

第二天那位朋友和韜奮一同去到演講的地點，那裡已經聚集了幾千近萬的聽眾。許多人是趕了幾里，十幾里，幾十里的路程前來的，還有好多南通城裡的居民，他們躲過了敵人的眼睛偷偷地前來的。

那位朋友先致介紹詞，他說：

我現在給諸位介紹一個人，這個人為中國的進步文化奮鬥了二十多年，他教育了全國廣大的民眾，許許多多人都在他的指示之下站了起來；這個人鼓吹抗戰，呼籲團結，使我國團結抗戰的政策能夠堅持到今天；這個人為全國人民爭取自由，提倡民主，和頑固派反動派作堅決的鬥爭，他自己寧願過著流亡生活，但對頑固派反動派絕不讓步；這個人在病痛中間一面熬著痛苦，一面還是不肯放棄他的工作，停止他的鬥爭：這個人不是別人，就是我現在所欲介紹給諸位的鄒韜奮先生。

韜奮站了起來，全場響起如急雷一般的掌聲。演講從開始到終了，掌聲差不多不曾停過。

病阻止了他前進

新年過了，韜奮出發到通如東北的沿海地區，那裡是蘇北的一個軍政中心。他參觀了那邊的部隊、機關、被服廠、合作社和醫院，被邀請了和那邊的軍政幹部談話。

合作社裡有許多農民在準備農具，打算一等到地解了凍，立刻開始春耕。招待參觀的人告訴韜奮，部隊和公務人員學生也在從事同樣的準備。敵後區自從發動了生產運動，軍隊的給養不論吃的穿的，大部分已經可以自給，不必樣樣都伸手問老百姓要。公務人員和學生也利用每一片空地種麥種菜，飼養家畜，供給自己食用而外，有多餘的還可賣給公家。用賣得的錢添置應用物品，也不需要完全靠老百姓養活他們。這樣老百姓的負擔減輕很多。

在生產運動中，各地成立了很多合作社。每一個合作社的農民，他幫助別人做活，別人也幫忙他做活，工作既快，生產也加多了。通過合作社將許多老百姓組織起來，同時又建立了很好的民主政治的基礎。

士兵不但自己種田，還成立了代耕隊、變工隊、扎工隊，幫助老百姓增加生產。軍民合作，相親相愛。

韜奮在蘇北，他的精神非常興奮；可是他的疾病卻愈加嚴重起來，三天兩日發一次，發的時候，飲食不能下咽，夜間不能安眠。經過那裡的醫師診斷，才知道是癌症，並不是中耳炎。癌症必須用鐳錠治療，所以韜奮便決定中止北上，折回上海來治病。

韜奮回滬的途中，恰恰又遇到敵人掃蕩。他病發了不能行走，由人用板門抬了他走。他回到南通附近候船，敵人搜索非常嚴緊，不得已又住到那個鄉紳家裡去，那鄉紳駭怕敵偽前來搜查，推託說是他的親戚。

有一天跑來了幾個偽軍，說他們知道那兒住著一個陌生人，要帶到部隊裡去訊問。韜奮不願牽累這位鄉紳，當即挺身出去向這幾個偽軍照實說明，有什麼問題情願由他一人擔當。

這幾個偽軍聽了，不但沒有將韜奮帶去訊問，反將他護送出危險區域。經人設法找到一群勇敢的航海者負責護送他回上海。

到了上海，他要找一個朋友，只記得這個朋友住所的里弄名字，忘記了是在什麼路，找了半天，他自己又不便露面去問人。

正在急得沒有辦法的時候，他忽然想起那條路名，叫車夫拉到那條路，可是又找不著那個里弄，來回的找著，街上有幾個游手好閒的人在注意他。他急忙叫車夫停下付了車錢。他一個人挨著找過去。

好容易找著了，敲開朋友家的門，朋友看他形容瘦削，氣色難看，大吃一驚。他軟攤在朋友家的椅子上面，什麼也講不出來了。

施行手術與鐳錠治療

韜奮的病經過某名醫診斷，知道確實是癌症。治療的方法先須將病患部分割開，去掉已經腐爛的肌肉，並將患處的神經燒壞，然後再用鐳錠治療，以肅清餘孽。這樣如果癌症不再發展，便可痊愈。

醫生說韜奮的營養不良，需休養一個月，多吃滋補的食物，才能施行手術。

韜奮有一個胞妹，家居在滬，她是一個由自習而獲得成功的醫藥化驗工作者。她有著極豐富的醫藥常識，而且他們兄妹的情感非常篤厚，當她看到醫生在診斷書上寫下「癌症」的時候，她渾身如遭電擊，因為她曉得癌是不治之症。然而她還是寄託希望給現代的科學醫術，希望有萬一治癒的可能。

韜奮在一個多月的休養期中，即由他的妹妹和另外一兩個朋友照料他。他們三天兩日燒了新鮮肥美的菜肴送給他吃，他的胃口很好，一條大魚，或者一碗燒肉，頃刻吃光。病雖然還是常常的發，但生活比較安定，人慢慢地豐滿起來，面色也變得紅潤。

有一次，那醫生在診視以後，對韜奮說，現在可以開刀了。他的妹妹怕他心裡著慌，在旁邊湊趣的說：

「大哥！你吃了這麼多的好東西，就是為了這一刀呀！」

韜奮笑了。

癌病是一種難症，又生在頭部，更因為韜奮是一個不平常的人物，所以這一次的開刀，是一件極其重大的事情。他是三十二年三月間回滬，動手術是在五月間。

韜奮一嗅到「可羅方」的氣味，驚叫了一聲，他的妹妹握住他的兩隻手，他的神智漸漸轉入昏迷狀態。

醫生手中振著的利刃，從他的右耳後面劃了進去。劃了一陣，又用鉗鉗出一些切開的帶血的肉片放在盤子裡，直割到耳骨上，因為出血過多，恐不能完全去盡，所以再用鐳錠治療。最後將剖開的地方合上縫好。手術進行了三四個鐘點。

在事後這位醫生在他們醫院的會議中報告：

「這是一個非常困難的手術：患部的神經和其他結構都非常複雜，現在是否還有癌症遺留在裡面，或者由於不小心使得神經受到損壞，實在沒有把握」。可是，這位醫生的膽識和敏捷的手術，已經夠使人驚服了。

韜奮清醒了以後痛苦的呻吟著，過了兩三天可以進一些流汁。療養了將近一個月光景，他的體力逐漸恢復，創口也長好了，就是右耳裡還淌著膿水，右鼻孔時常被阻塞，要用「鼻通」一類的藥水滴入才能通暢。

施行了手術以後，他的形容改變了，右腮特別尖削，整個的面部輪廓有一點歪，兩隻眼睛顯得有一點大小。醫生囑咐說要開始照深度X光了，他理了一次髮，留了一撮小鬍子，他從鏡子裡端詳了一番，他說：「這倒很好，別人再認不出是我了。」

照深度X光每次十幾分鐘，每天下午去照，前後一共照了五十餘小時。因為多照了深度X光的原故，患部異常痛楚，醫生囑咐用冰袋罨著。他右手托著冰袋可以下地走動，或者坐著休息。

這時他的夫人已得到消息從桂林趕來上海。他將別後的情況以及在蘇北敵後區的見聞，詳細告訴他的夫人，他的記憶很好，談話的風趣也和平時一樣。

與病痛苦苦掙扎

不過，右頰右太陽穴和右額還是時時有劇痛。每逢痛的時候，睡也不好，坐也不好，從床上爬到地上，兩手捧頭，轉側起伏，帶滾帶爬，沒有一分鐘的休止，面部的肌肉不斷地牽動著，眼淚即時奪眶而出。

有一次，有幾個朋友去看他，恰巧遇著他劇痛的時候。他正在和他們談著話，忽然他說：「我又要痛了，你們不要駭怕！」

他嘴裡「哎！哎！」地呻吟著，霎時間，涕淚橫流，嚶嚶啜泣。他一面痛著一面對朋友說：

「我的眼淚並不是懦弱的表示，也不是悲觀，我對於任何事情從來不悲觀。只是痛到最最痛苦的時候，用眼淚來和病痛鬥爭！」

醫生為減輕他的痛苦，用一種麻醉性的針藥注射，最初一針可以支持兩天，後來縮減到一天半，一天。

韜奮問醫生，這樣劇痛究竟是什麼緣故，醫生受了囑託向他說是神經痛，由於多照了深度X光而發生的反應。

有朋友從內地來上海，去探視他，他殷殷垂問內地的情形，他說他病好了想仍回內地工作，但不知環境是否許可。

他對留在上海的老同事說，他二十餘年的奮鬥自信對社會不無貢獻，希望病癒以後再和大家繼續努力二三十年。第一他要恢復生活書店，第二他想為失學青年辦一個圖書館，第三，他要辦一個日報，以遂素願。

九月間，他已經不能起床。但是他睡在病榻上，仍舊心懷國事，感念交併，和朋友談話也常對國事有所議論。有一次他將他在病中反覆焦慮的幾個問題，用口述由友人替他筆錄下來，成為〈對國事的呼籲〉一文。他對他的夫人說：「給我一支筆讓我來試試腕力看！」他伏在床上寫了一段，字跡還是很清秀，筆力已不像平日那樣勁健了。

十月間韜奮的病情突生變化，右目生紅翳，視覺模糊，右後腦疼痛，不能安枕，只能向左側眠，喉頭兩核腫脹，痰塊滿湧，嘔吐不止。這樣經過了二十多天，痰湧嘔吐停止，頭部劇痛依舊。

韜奮的妹妹哭著和韜奮的一些朋友商量，照病情無疑癌症在繼續發展，不但向上發展，並且已經向下發展，恐怕只有提早預備後事，以免一時措手不及。但是韜奮自己還以為癌症已治癒，目前只是神經作祟。

三十三年一月間，韜奮的病情又發生了第二次的變化，右下頦及右頸紅腫，呼吸不暢，飲食難以下咽，經醫生施以消腫消炎的辦法，週後又告平定。

病勢稍稍平定，他覺得長久的病苦生活十分乏味，朋友勸他隨便寫一點東西來調劑生活，他很高興的接受了這一建議。他將他一生在患難中所經歷的未曾發表過的故事，開始寫一部《患難餘生記》。

他在每天早晨梳洗完畢吃了早餐以後，即催著在被上替他放上一個木案，他就坐在被窩裡面，伏在木案上開始寫作。看護走進來，他立刻用書將稿紙遮掩住。他的右目用紗布和賽璐珞片遮著，鼻樑上架著一副眼鏡。他全神貫注在寫作上面，不曉得疲倦，不覺得腿酸，飲食也沒有心思，連病痛也忘記了。每天寫到天黑，還是不肯休息，開了電燈繼續再寫。最多的時候，一天竟寫了五千多字。在三四星期內，寫成了五萬餘字，不能再寫下去了。

這時候聽到一個消息，說日本人已知道韜奮在上海治病，他們已派人四出探問。為了避免敵偽的注意，在九個月當中，已經換了五個醫院，改了兩三次的假名，不料仍會有這種麻煩。於是他搬到一個朋友家裡去住，他的夫人學會了打針，暫時不請醫生診治，對以前診病的醫生說，他已離開了上海。

對於後事的囑咐

在那朋友家裡住了一個多月，食慾漸減，只能吃稀粥。劇痛的次數增加，麻醉性的針藥只能維持三四小時，每天要打針五六次。打了針痛苦略減，可以安睡片刻，但藥性過了立刻便痛醒，醒了立刻坐起，吵著再要打針。他的夫人按著他手臂或腿部打針的時候，覺得他的肌肉已經消瘦得快沒有了，她非常恐懼，她說這樣等於零星的消蝕他的生命。她將針藥的藥量減少，由半針減到三分之一，每天有幾次用蒸餾水打進去，希望他少受麻藥的毒害。

三月間有一天夜裡韜奮痛得昏厥過去，大約有十幾分鐘才清醒過來。

第二天他特地找一位老同事去談話。他說，他這兩天看到報紙上關於陳友仁在滬病故經過的一篇聲明真相的文字，他的病半年來很少進步，照昨天晚上的情形，很可能有一個突變。為了防止敵偽利用他的在上海病故散布謠言，他對於以後的許多事情，情願早點有一個交代，以示他的清白。

他說在他病故以後，將他的遺體由名醫解剖研究，希望對醫藥界有所貢獻，以利日後患同樣疾病的人。然後再舉行火葬。為避免敵人的追究，暫時不要發表是在上海病故。

關於他的著作，他說二十餘年來，寫了數萬萬言，但自認早期作品中，尚有需加修改之處，希望由一位他最欽佩的朋友全權決定取捨，將全部著作加以整理。

他說他在《患難餘生記》以後本想接著寫《蘇北觀感錄》，及《各國民主政治史》，這一個願望恐怕不能實現了。

他一再伸說他的政治主張，始終不變，完全以一個純粹愛國者的立場，希望全國堅持團結抗戰，早日實行真正的民主政治，建設獨立自由幸福的新中國。

他對於他的家屬，他說他平生不治私產，尚有老父在平，需要贍養。他希望他的夫人參加社會工作貢獻其專長。兩子一女，各就他們的志趣，各求深造，繼承他的遺志，為社會進步事業努力。

最後他遺憾的說，他一生的發展至目前為止，恰當成熟的階段，正可以替國家做一番事業，可是他的生命究竟能延續到幾時呢！

他談得很理智，但是他實在不願意自己死，他還要活下去，他還有許多工作要做，他還要著作，他還要繼續奮鬥二三十年！

最後一息

四月間，韜奮為了不願牽累住處的友人，他囑咐仍舊將他遷至醫院。

在醫院裡，他和他的夫人談了很多家務方面的事情。這時他的三個孩子中已有兩個來到他的身邊，他說第二個男孩子他恐怕見不著了。

六月一日深夜三時左右，又突然昏厥數分鐘，二日即召集在滬親友囑咐後事，並且口授遺囑，遺囑的內容大體上與三月間曾經囑咐過的一些事情相同，但是在他的最後一息，他感到精神上需要有一個歸宿，對於他的遺骸也需要有一個最適當的安置，庶幾他死而無憾。

七月初旬又昏厥了一次，他的親屬和朋友覺得他不僅是一個家庭或是一個團體的一份子，他是一個屬於社會的人物。過去為了對敵偽隱避，所以將他的消息緊緊地瞞著許多人，現在他的病以至於他的死，需要給親友以外的社會人士知道，所以特地去告訴鄭振鐸先生，和其他兩位文化界朋友。鄭先生曾赴醫院去看他，可惜他已終日在昏迷狀態中，沒有能夠和鄭先生多談話。

七月二十一日他開始有熱度，體力衰弱至極點。二十二日嗓音失聲，不能言語，但還能以筆代言，字跡顫抖，勉強可以辨認。二十三日清晨，精神較好，他用筆在一張紙上歪斜地寫了三行字，一行是「你不要怕！」這是對他夫人說的。一行是「一切照辦，不要打折扣！」這是叮囑朋友遵照他的遺囑實行的。最後一行是「快快打針！」過了片刻又復昏沉入睡。

七月二十四日早晨七時二十分，這一代的進步文化戰士終於離開了人世！

他的出身和苦學時代

鄒恩洵

我們老家在江西餘江縣東鄉一個叫做「沙塘村」的小村子。據說祖籍是山東，流亡到江西的年代並不久。我們的祖父，由於苦讀，中了「功名」做了官，他因為自己是窮苦出身，極力清廉自持，只以「書香傳家」四個字作為他的心願；並且受了初期的民主主義思想的感染，在滿清中葉後期「文字獄」風氣還存在的時候，他的一篇文章中卻寫著「天下者天下人之天下，非一人之天下也」的大膽的話語。我們的父親繼承了祖父的志願，在五四以後，又接受了「實業救國」的思想（這是韜奮後來曾經一度入南洋公學修電機工程系的原因），雖然身上窮得一文不名，但還非常熱心的集資籌辦紗廠，結果不但工廠沒開成，還欠了一身巨債；弄得一生潦倒，一事無成。

韜奮就是在我們家庭這種傳統思想的影響教育下長大起來的。這種傳統思想中包括著許多好的東西，如艱苦鬥爭的精神，獨立奮鬥的作風，愛護群眾的觀點，接受新思想新事物的風氣，重視文化教育、科學教育，重視「實幹」。韜奮具備著初期的民主主義思想，再加上他自己父親身經歷了近三十年來中國每一次的革命運動，就更加充實和發展了這種傳統思想的內容。

由於家庭具有「書香傳家」這種思想，所以我們弟兄小的時候都在家裡念中文（那時候我們叫「漢文」），都不入小學，一直到十七、八歲才直接進中學；韜奮更晚，大概到二十歲上下才進中學。記得一開頭他就跳了兩班，所以外國語和自然科學的學習成了他那時候嚴重的負擔。正巧那時候又碰到我們父親「丁憂」（祖父死了），不能做事，一定要在家裡閒往，家裡窮得一塌糊塗。韜奮只好在學校裡爭取頭三名成績，好獲得免費生資格。他進的是南洋公學（今天的交通大學）的中學部，這個學校程度相當高，「免費生」資格是很不容易取得的。他就日夜苦讀，往往搞到深夜才睡，有兩次竟然熬到咯血，由「學監」出來勸告，並來信給家庭通知，要家長去信勸告（那時候我們的家在福州）。因為這樣「苦讀」，他在整個中學時期完全獲得免費生資格。中學畢業了以後，起初進本校電機工程系，因為自然科學基礎究竟不強，所以只好轉學聖約翰大學念文科，他主修課是西洋文學，副修教育。這個學校是「闊公子」上的學校，不但費用很高，並且生活華貴，全校幾乎只有韜奮一個人是

「窮小子」。我們家裡當然供給不起，韜奮只好一方面兼賣稿，兼當家庭教師，還曾一度休學當了一年多教員來維持學用和生活。由於賣稿，他和當時《東方雜誌》編輯胡愈之先生相識，以後兩人成了最好的朋友。和黃炎培先生以及當時文化界名流相結識也是從那時候開始的。他還向當時各大雜誌、各大報紙賣稿，如《學生雜誌》、《時事新報》等都有過他的文章。由於這些關係，他以後參加中華職業教育社並主編《生活週刊》，曾經一度在《時事新報》當編輯及在滬江大學當講師等。在這裡，也可以看出他求學時代之苦了。

從平凡處追念他的偉大

王造時

關於韜奮兄對於民族，尤其在文化方面的貢獻，寫的說的太多了，或許從平凡的日常生活中，更能看出他的偉大罷。

現在從事文化工作，特別是政治運動的人們，有的「吊兒郎當」，態度不謹嚴；有的行為浪漫，不檢點，私生活一塌糊塗；有的對人處事，太苛刻，太虛偽，缺乏熱情和誠意；有的個人英雄主義太重，只顧自我宣傳，不顧大體，凡出風頭的事情，總要站在人家的前面；有的對國事，視同把戲，玩玩政治，心裡並沒有那般「忠誠耿耿」之氣。

可是，我們這位朋友，韜奮兄，確不是這麼一個人。

他的生活態度是謹嚴的，工作是有計畫的。什麼時候吃飯，睡覺，休息；尤其是什麼時候寫作，看書，或處理事務是有規定的。例如在蘇州監獄裡，寫的那兩本書，《經歷》與《讀書偶譯》，事先便規定了書的大概內容，總共要寫多少字，每天要寫多少字；開始以後，他就每天非趕完他的工作，不肯罷手；絕不是「心血來潮」便拚命寫一陣，不高興便丟開不去理會。

如果勵志社的教條真是要履行的，而不是寫在牆上或貼在壁上的幌子，只有韜奮兄夠格做一個社員；如果依民主方式選舉會長的話，我一定投他一票。他既不抽煙，又不喝酒，更不嫖賭，沒有一點不良嗜好，確是文質彬彬的一位君子人也。

他的家庭原來是很愉快的，他之愛太太，與太太之愛他，都是專一而純潔的。家庭的事，他不大管，幾全信賴他的太太。嫂夫人沈粹縝女士真是一位賢妻良母，同時卻是一個識大體明大義的愛國者。她對於韜奮兄的照料，關切，同情，安慰，可以說是無微不至。她這種溫情是我活到現在為止所僅見的。天冷了，她怕他衣著的太薄；吃飯，總要多給他一點滋養品；遇到困難，她給他以慰勉。「仁慈」和「溫厚」是粹縝嫂夫人的德性，也是人類最高的德性。

一個人的行為如果謹嚴，往往流於呆板。但韜奮兄卻是那麼天真，活潑，熱情。對於朋友，尤其是青年朋友是那麼誠懇。你講話，他傾聽；你有困難，他同情地和你商量。如果見解不同，他和你辯，辯得面紅耳赤，過後又是和藹如初。他沒有一點架子，根本不懂得怎樣擺架子。他一點也不虛偽，因為他絲毫沒有虛偽。在蘇州，被翁檢察官偵查時，他說明了聯合陣線與人民陣線的分別以後，那位姓翁的硬要栽他是主張人民陣線，並說了他一句「言不由衷」。他氣急了，跳起來，連聲大呼「抗議，抗議，抗議檢察官的無理」。這樣的激動，正表示他的真情，而他的真情是向來不說假話。

民國二十九年夏，我因為代表國民參政會參加軍風紀巡察團，巡視第九戰區，到了贛北的最前線的高安上高一帶，受了暑，生大病，回到原籍安福休養一個多月，與外面不通消息。忽然國內外的報紙登出了圍黑框框的新聞，說我死了；敵人並且加油加醋像煞有介事的來一個廣播，說我在前方巡察時，被「我機掃射受重傷不治而逝」。許多朋友都為這條消息著急，嘆息，傷心。韜奮兄就是其中最關切我的一個。在安福，我的太太，忽然接到好些電報，詢問我的究竟，其中就有他發來的一個「造時兄安否」。不久我到了重慶出席參政會，久別重逢，又驚又喜之下，他高興極了，緊提著我的手不放，連說「你好，你好，你沒有死，幾乎把我們急死了」。一片真誠，萬般友誼，我感動得連話都說不出來！

文人而又政治慾望強的人，往往除了認定「自己的文章好」以外，還帶有強烈的個人英雄主義，甚至不惜排擠人家，爬到人家的頭上過去。遇到出風頭的機會，則一馬爭先。但韜奮兄沒有這種毛病。他文名滿天下，自己並不覺得「神氣」，不像有些人架子十足，自以為了不得。小事例如簽名照相。有些人非簽在前面或站在前面不可；他隨便，寧願簽在後面或站在後面。不懂得的，他絕不冒充懂得。在寫《讀書偶譯》那本書的時候，有幾個地方，他不惜兩次三番同我商量。

在這個過渡的變態社會裡，不免有這種情形。有些人開口民主，閉口民主，而行為習慣與思想方法很不民主。或是獨斷獨行，唯我獨尊，或是派系觀念很強，進行祕密小組；或是拿著關門主義，拒人於千里之外；或是褊狹自私，胸不容物。這些都是民主運動的障礙。而韜奮兄由於他的學養的深厚，絲毫不犯這些錯誤。對於民主，他是言行能夠一致的。他能以說服的態度，堅持自己的主張；他也能以謙虛的胸懷，接受人家的意見；他更能服從多數，拋棄自己的成見。他絕不排擠人，傾軋人，他需顧大體。

他對國事的熱，對大眾的愛是誠摯的；參加政治運動，態度是嚴肅的，認真的，絕不把政治當做「玩藝」來耍一番。其實他主要的興趣在寫作，對實際政治活動興趣並不濃厚。他之參加救國會運動完全是鑒於國家危亡，間不容髮，乃挺身而出。

他怎樣辦刊物？辦書店？

黃炎培

民國十年，韜奮初來中華職業教育社，就職編譯，兼中華職業學校英文教員，首先表現於群眾中者，為責任心之特別濃厚。吾腦海中所留著對於其初期作品之印象，文筆清朗流暢，工作敏捷刻實。而其教英女，自始採用直接教授法，督課極嚴，諸生皆畏之，而成績大佳，終皆敬而愛之，此為前後六七年間，受其教者一般之輿論。

及其擔任《生活週刊》編輯，以其清則流暢之筆姿，運以純一不二之精神，使讀者興趣，逐漸濃厚，銷數逐漸增進。《生活週刊》本以指導人生修養為主要目標，在民國十五六年以後，青年受環境之影響，很自然地熱心政治，研究政治，口有談談政治，筆有寫寫政治，而《生活週刊》遂演變為社會性青年政治讀物，讀者與編者之興趣，相伴而增高。其時韜奮之文章及其工作精神，已與讀者思潮凝合而為一體了，始則青年歡迎之，繼而中年老年人亦歡迎之，與我年齡相若之朋友，莫不人手《生活》一編。吾嘗戲問君等乃亦中「生活毒」乎？皆答，只覺《生活》痛快，吾所欲說者，都代我說出，只覺非讀不可，最高峰達十五萬分時之景象如此。

有一事，足以證明《生活》在社會上的勢力，民二十一上海一二八抗日戰起，生活偕若干方面，各發起募集慰勞領，生活在最短時期，集款最多，其數量已不能記憶，只記得一呼而集數十萬，此款都出自三元五元之群眾，使一般為之驚訝。

《生活》有此盛況。不惟其文章使然，蓋韜奮之工作精神，亦為一般人所不能及。一、《生活》自始至終出版從未脫期，二、全部刊物每一個字無論輕重大小，皆經韜奮閱過；三、韜奮從不肯在《生活》以外，為其他刊物寫文章。而其採集材料之勤，亦可舉其一二事。有某大官盛傳其有貪污行為，韜奮四出調查，查得某項公共建築，與包工者訂約若干萬，同時，建築一私宅，窮極富麗，而訂約僅若千萬，將其數字一一披露。又上海各報，大都有冠蓋往來一欄，詳記某日某要人自京至滬，某日某要人自滬返京，《生活》為之彙製一統計表，則某某要人一月間去上海幾次，半年間去上海幾次，一覽了然。其搜集材料之勤，大率類此，然其所揭發都與民生、政紀有關，從不涉個人陰私，以此精神寫此文章，轟轟烈烈中，廣大群眾之信仰在此，而一般對《生活》之忌與恨亦即種此。

既而韜奮出國，而歸國，而從事寫作如故。
既而韜奮入獄，而出獄，而從事寫作如故。

好友評說韜奮

近代中國文化界，在新聞事業，出版事業上，最有成績，最有創造能力的，要算鄒韜奮。經驗告訴我們，如果為宣傳工作不是為一般營業的報紙，則一定是賠錢而且常常為反動勢力所摧殘。他深知這一切，因而在「九一八」後，一面以《生活週刊》來鼓吹抗日救國；一面創辦生活書店以作服務進步文化事業的中心，並藉以支持雜誌。因此在一九三三年末，週刊雖遭國民黨當局封閉後，尚能繼續創辦《新生》、《大眾生活》、《永生》、《生活眾期刊》、《抗戰三日刊》，及《全民抗戰》。這些刊物雖屢遭當局封禁壓迫，而當其盛時發行至二十萬份以上，打破了報界的歷史紀錄。它們在促進抗日民族統一戰線的成立及堅持團結抗戰上都起了很大的作用。這些成績都是由於他實事求是，艱苦卓絕的精神創造了許多新的辦法所造成的。生活書店是一種合作社的組織，他在經濟上，不僅廉介不苟，而且事事清楚，有條不紊，深得大眾信任，創造了工作的好模範。生活書店出版的書籍極為廣大群眾，特別是青年所歡迎。尤可貴的是他的群眾觀點及為勞苦大眾服務的作風，他常常為群眾指示解決生活問題，在刊物上特闢通訊欄以與群眾通信，這是接近群眾、深入群眾的好方法。

——吳玉章

去年九月間，我曾經在一個青年雜誌上寫過一篇追悼韜奮先生的短文，裡面說到韜奮先生的文章，與辦《新民叢報》時代的梁任公先生相像，「筆鋒常帶感情」，對於讀者有一種極大的吸引力。這種力量，是從他對於自己的國歲民族的熱愛產生出來的。他寫文章，說話，不像有許多人一樣，只是站在第三者的地位，作一點客觀的說明或解釋就算數。他總是把自己整個的人格、精神、感情、融和滲透在他的文章和語言裡。他渴望他的讀者聽者相信他所說的是真理，大家依照著他去做。這段話裡有「不像有許多人樣只是站在第三者的地位」一句話，我自己也正是「許多人」裡頭的一個。這些年來總常常感覺到有若干文章，寫作態度似乎太客觀，太冷靜，缺乏熱情和力量。無形中橫伸著一隻黑手，不容許大家暢暢快快地說當然是個主要原因，而就作者來說，自己愛國家，愛人民大眾的心夠不夠熱烈，夠不夠真摯，自己的勇氣和毅力夠不夠充分，夠不夠堅強，都是需要省察的事。

——傅彬然

現在的青年不知道怎麼樣，若是抗戰以前的青年，大概很少沒有讀過他的文章的。說句老實話，他的文章，並不能以文字技巧見長，說他是文章家，完全是不對的；但是，無論誰總可以在他的文章裡看到了他的豐富的常識，和一個正義感的人格。從《生活週刊》起，我們不時的見到他暴露社會，同時也暴露他自己思想態度的文字。他初期的見解和他後來的思想有著很大的距離，也明顯的從他的作品裡表現出來，所以我們可以不過譽地說，他的文字是以他的人格來寫作的。

再嚴格地說，他不能算是思想家、也不是理論家。他最好的文章，也就是那些談最平常的道理的文章，一句話，他是「常識家」。然而不幸——我們中國社會所最缺乏的，偏偏就是常識！常識在中國，反成為最不平常的知識了，這是可悲的。但因此，也成就了韜奮先生的貢獻。若從這一方面說，他那一種通俗明白的文字，是很有社會教育的效果的。《小言論》和《萍蹤寄語》兩書，尤其滿足了都會市民的胃口。後來的文字稍寫政論化了，反而和一般市民發生了距離，失去舊有的魅力，這是從常識家轉到政論家的必然結果，當然不能說是他的文字失去光彩的緣故。

——趙超構

二十年來，先生不僅以進步的思想和勇敢的行動，感召了萬千讀者群，且更以實事求是的精神，認真而周到地，幫助讀者們解決了許許多多在學習上在工作上、以至在日常生活上的疑難問題。記得在上海的時候，有一位蘇州青年許君，簡直把先生當作私人顧問，不論什麼問題，都要先生替他解答。同人們都感覺不勝其煩，但先生卻每信必覆，循循善誘，從無半點倦意。抗戰開始後，那位地主出身的青年，終於在先生影響之下，毅然自動投入抗戰的洪流，成為一員反法西斯的戰士。這只是許多例子當中的一個。受先生思想行動薰陶和感召而堅決地參加抗戰民主陣營的，不知有多少青年。本店（生活書店）曾刊行《信箱外集》五冊，就都是讀者函詢而經先生解答的疑難問題，總計不下百萬言，這種為大眾服務的生活態度，實感人至深。

大約三個月之前，我們就聽到先生病重的消息，據說先生的病，每天要發作幾次，每當發作的時候，要痛得滿床亂滾。這使我們感覺非常痛苦。但先生在病稍痊，痛稍減的時候，還是伏枕寫作，奮筆疾書，寫自傳，撰遺囑，並為文為國內民主團結而呼籲。也許是先生自知病情的嚴重吧，因此先主對於勸他稍稍休息的友人，總答以「能寫多少是多少，寫一些是一些」，這是先生至死不渝的奮鬥精神。

本店（生活書店）的業務由簡單的代辦部發展到龐大複雜的組織，是很艱苦的一個發展過程。先生歐遊回國，首先倡導採行援主集中制，什麼事情都是大家公開商討，談的時候，開誠布公地談，決定以後，就交負責人去做，使得全店每一個人都有自由發表意見的權利，每一個人都有充分發揮特長的機會，把同人的工作熱情，提高到最大的限度。其間，先生曾記錄實踐經驗，陸續寫就「事業管理與職業修養」一書問世。抗戰初期，本店迅速發展到四十二個分支店，所有派出去的負責人，儘管水準不一，但對工作的堅苦耐勞，對本店事業的忠誠努力，則完全是一致的。這是本店的一貫作風，也就是先生所倡導的工作作風。

先生主持各種週刊期刊，先後八種，為時歷二十年，即使在最困難的情況下，每期一定按時出版，從不脫期。先生身為本店館經理，上辦公室絕對嚴守工作時間，如因故稍遲，亦必事先通知；同人如犯錯誤，先生對之，嚴加責備，絕不姑息；但一經糾正，則溫語慰勉，絕不苛求。這些都是表示先生的處事不苟。

同人間有一時為逆境所挫，精疲氣餒者，先生輒加以勸勉：「本店從呱呱墮地的時候起，就一直在艱苦困難中進展著，我們應該以堅決的意志和鎮定的心情，在艱苦困難中奮鬥，我們深信我們所努力的文化事業，對於整個中華民族是有著重要的貢獻，值得我們含辛茹苦而無所怨慰的。」本店能夠渡過一重重驚濤駭浪的難關，完全是先生奮鬥精神貫注的結果。環境困難，辦事愈麻煩，先生更沉痛地指出：「我們為共同努力的集體事業，就是受盡麻煩，也應該用諸葛亮『鞠躬盡瘁，死而後已』的精神來對付。」現在先生是以身作則地實踐了這句話了。

——渝文

附錄一

韜奮先生辭去國民參政員電

國民參政會主席團並轉全體參政員公鑒：本會上屆第一次大會通過公布之抗戰建國綱領明載：「在抗戰期間，於不違反三民主義最高原則及法令範圍內，對於言論出版集會結社自由，當與以合法之充分保障。」此種最低限度之民權必須在實際上得到合法保障，始有推進政治之可言。韜奮參加工作之生活書店努力抗戰建國文化，現在所出雜誌八種及書籍千餘種，均經政府機關審查通過，毫無違法行為，乃最近又於二月八日起二十一日止，不及半個月，成都、桂林、貴陽、昆明等處分店均無故被封，或被勒令停業。十六年之慘澹經營，五十餘處分店，至此全部被毀。雖屢向中央及地方有關之黨政各機關請求糾正，毫無結果。夫一部分文化事業被違法摧殘之事小，民權毫無保障之事大。國民參政會號稱民意機關，決議等於廢紙，念及民主政治前途，不勝痛心。韜奮忝列議席，無補時艱，深自愧疚！敬請轉呈國民政府，辭去國民參政員，嗣後仍當以國民一份子資格，擁護政府服從領袖抗戰到底，所望民權得到實際保障，民意機關始有實效，由此鞏固團結，發揚民力，改善政治，爭取抗戰最後勝利，不勝大願。鄒韜奮敬電。

附錄二

韜奮先生留致參政會各黨派領袖書

衡山（沈鈞儒）先生並轉任之（黃炎培）問漁（江問漁）禦秋（冷遹）君勱（張君勱）努生（羅隆基）舜生（左舜生）幼椿（李璜）伯鈞（章伯鈞）漱溟（梁漱溟）表方（張瀾）士觀（周士觀）慧僧（褚輔成）申府（張申府）諸先生惠鑒：韜奮追隨諸先生之後，曾於二三年來在國民參政會中，勉竭駑鈍，原冀對於民主政治有所推進，俾於國家民族有所貢獻。但二三年來之實際經驗，深覺提議等於廢紙，會議徒具形式，精神上時感深刻之痛苦，但以顧全大局，希望有徐圖挽救之機會，故未忍遽爾言去耳。惟就韜奮參加工作之生活書店言，自前年三四月後所受之無理壓迫，實已至忍無可忍之地步。本會上屆第一次大會通過公佈之〈抗戰建國綱領〉，明載在抗建期間，於不遠反三民主義最高原則及法令範圍內，對於言論出版集會結社自由，當予合法之充分保障。此種最低限度之民權，必須在實際上得到合法保障，始有推進政治之可言。生活書店努力抗戰建國文化，現在所出雜誌八種及書籍千餘種，均經政府機關審查通過，毫無違法行為。乃最近又於二月八日至二十一日，不及半個月，成都、桂林、昆明、貴陽等處分店，均無故被封，或勒令停業，十六年之慘澹經營，五十餘處分店，至此已全部被毀。貴陽不僅封店，全體同事均無辜被捕。雖屢向中央及地方有關之黨政各機關請求糾正，毫無結果。一部分文化事業被違法摧殘之事小，民權毫無保障之事大。在此種慘酷壓迫之情況下，法治無存，是非不論，韜奮苟猶列身議席，無異自悔，即在會外欲勉守文化崗位，有所努力，亦為事實所不許，故決計遠離，暫以盡心於譯著，自藏愚拙。臨行忽促，未能盡所欲言。最後所願奉告者，韜奮當仍以國民一份子資格，擁護抗戰國策，為民族自由解放而努力奮鬥。苟有以造謠毀謗相誣者，敬懇諸先生根據實事，代為辯正，而免於政治壓迫之餘，復遭莫須有之冤抑。忝在愛末，用敢披瀝上陳，諸希鑒察為幸。諸先生為前輩先進，對國家民族尤其無上熱誠，必能為全國同胞積極謀福利，再接再厲也。臨穎悵惘，無任神馳，敬頌

公安！

鄒韜奮倚裝敬啟。三十、十一、二十五晚。

附錄三

對國事的呼籲——韜奮先生最後遺作

我正處在長期慘苦的病痛中，環境的壓迫和重病的磨折都可用我堅強的意志與之抗爭，還能泰然處之，但每一念及組國的前途則憂心如搗，難安緘默。

抗戰到了第七個年頭，國際形勢使民主陣線一天天的勝利，法西斯一天天的崩潰，對中國抗戰很為有利，敵偽在淪陷區雖然實行欺騙懷柔政策，但人心必然向著祖國，向著抗戰的勝利，足見我們的前途充滿了光明。然而當這民族的苦難快到盡頭，光明的勝利臨到面前的時候，國民黨內反動派卻變本加厲，策動對日妥協，調回大軍圍攻陝甘寧邊區及其他抗日民主根據地的陰謀，內戰危機繫於一髮。我們知道，以國共合作為中心的全國各抗日黨派的團結，是發動抗戰，堅持抗戰，爭取最後勝利的最基本條件之一，也是抗戰勝利以後建設新中國的最基本條件之一。而且團結與抗戰二者是不可分離的，能團結才能抗戰，破壞團結必然就走上妥協的道路。七年多來，國民黨內反動派始終企圖中途停止抗戰，施盡一切陰謀詭計破壞團結，靠著全國人民的力量，克服時時發生的陰謀危機，才使團結抗戰堅持到今天。於今我國能廢除不平等條約，位於四大強國之列，乃是由於全國人民堅持團結抗戰的結果。國民黨內反動派這次對敵妥協，進攻共產黨的策動，實是危害國家，荼毒人民的滔天罪行，我們必須以全國人民的力量，全國輿論的力量，令國各抗日黨派的力量，以及海外數千萬華僑的力量，共同揭露國民黨內反動派的這種陰謀，堅持團結，堅持抗戰到底。

其次，民主政治是中山先生三民主義的最寶貴的遺產，也是全國人民所最熱烈希望實現的目標。民主政治同時是堅持抗戰精誠團結的最基本條件之一，當我在敵後抗日民主根據地親眼看到民主政治鼓舞人民向上的精神，發揮抗戰力量，堅持最殘酷的敵後鬥爭，並團結各階層以解決一切困難的情形，我的精神極度興奮，我變得年輕了，我對於偉大祖國更看出了前途光明。但是國民黨內反動派卻仍用一切方法來反對中山先生最寶貴的遺產民主政治，他們有的公開宣揚法西斯主義，認為民主與抗戰不相容，或者反覆因循用延宕政策，一再自食其言，拖延民主政治的實現。最近國民黨十一中全會又宣布需在抗戰結束一年之後方可召開國民大會，實行憲政，便是延宕欺騙政策的一再重演。再不然就實行掛羊頭賣狗肉的民主，我所親自經歷過的國民參政會演變至於今日，已成為國民黨某某派所操縱的御用工具。國民黨內反動派的所以反對民主政治，其目的無非為實行法西斯的一黨專政而已。為了爭取抗戰勝利，祖國解放，民主自由，我們必須堅決反對這種拖延的政策，堅決反對這種偽裝的民主政治，而主張以全國人民為本位的民主政治，並且要求立即實行。要辦到此點，國民黨必須誠意取銷一黨專政，誠意接受各抗日黨派共同抗日，共同建國的原則，否則一切都是空話。

最後，我們知道文化教育是近代國家最基本最重要的工作之一，在抗戰時期應該更加發揚和提倡文化教育的活動，然而國民黨內反動派害怕人民知識的啟發，進步思想的普遍，不惜用種種的辦法來摧殘文化教育，近數年來不依標準審查書刊，任意停止書刊出版，把持新聞出版事業，違法封閉書店報館，包辦學校教育，停聘有正義感的教授教員，學校管理特務化，與摧殘文化教育，戕害青年的罪行，罄竹難書，而於今尤烈。我認為人民應有思想研究的自由，言論出版的自由，必須立即取銷不合理的圖書審查制度，必須立即取銷將青年當囚犯的特務教育，必須立即取銷殘害進步文化人士和青年知識份子的罪行。

我自愧能力薄弱，貢獻微少，二十年來追隨諸先進努力於民族解放，民主政治和進步文化事業，竭盡愚鈍，全力以赴，雖顛沛流離，艱苦危難，甘之如飴。此次在敵後視察研究，目擊人民的偉大鬥爭，使我更看到新中國光明的未來，我正增加百倍的勇氣和信心，奮勉自勵，為我偉大祖國與偉大人民繼續奮鬥。但三四年來由於環境的壓迫，我的行動不能自由，最近更不幸臥病經年，呻吟床褥，不得不暫時停止我二十餘年來幾於日不停揮，用筆管為民族解放人民自由及進步文化事業呼喊倡導的工作。我個人的安危早置度外，但我心懷祖國，惓念同胞，苦思焦慮，中夜彷徨，心所謂危，不敢不告。故強支病體，以最沉痛迫切的心情，提出幾個當前最嚴重的問題，對海內外同胞作最誠摯懇切的呼籲，希望共同奮起，各盡所能，挽此危機，保衛祖國。

民國三十二年十月二十三日寫於上海病榻。

附錄四

哀韜奮先生——郭沫若先生在重慶追悼會上的演講詞

韜奮先生！你是我們中國人民的一位好兒子，我們中國青年的一位好兄長，中國新文化的一位好工程師。你的一生為了人民的解放，為了青年的領導，為了文化的建設，尤其在抗日戰爭發動以來，為了爭取反法西斯戰爭的勝利，你是很慷慨地、很熱忱地用盡了你最後的一滴血。在目前我們大家最需要你的時候，而你離開了我們，這在我們是一個多麼大的損失呀！這是一個無可補救的損失呀！（泣聲和掌聲）

韜奮先生！在你自己怕應該是沒有什麼遺憾的吧，你把你自己慷慨地奉獻給了人民，而你自己已經成為了一個很莊嚴的完整的藝術品。在你自己怕應該是沒有什麼遺憾的吧（鼓掌），要說有什麼遺憾，那一定是在目前反法西斯戰爭已經接近勝利的期間，而你沒有可能親眼看見中國人民的得到解放，中國青年的無拘無束的成長，反而在彌留的時候你所接觸的是中原失利的消息，湖南失利的消息（大鼓掌），這怕是使你含著滾熱的眼淚，一直把眼睛閉不下的吧！這在我們，作為你的朋友的我們，尤其是長遠的一個哀痛，是我們的努力不夠，沒有把勝利早一天爭取得來，反而在全世界四處都是勝利的聲浪中，而我們有日蹙國土萬里的形勢，增加了你臨死時的哀痛。我們在今天在這兒追悼著你，至少我自己是深深地感覺著犯了很大的罪過的。但是，韜奮先生！你是真的離開了我們嗎？你是真的放下了武器倒下去了嗎？沒有的，永遠沒有的，你並沒有離開我們，你還活著，你還活在我們每一個人的心裡，每一個青年的心裡，千千萬萬人民大眾的心裡，你是活著的，永遠活著的。從中國的歷史上，從我們人民的心目中，誰能夠把鄒韜奮的存在滅掉呢？（鼓掌）你的武器，你的最犀利的武器也交代在我們手裡來了，我們每一個人的身上，差不多都有你的武器，這就是這麼一枝筆，你仗靠著這枝筆為人民的解放，為反法西斯的勝利戰鬥了來，我們也應該仗著這枝筆，為人民的解放，為反法西斯的勝利戰鬥起去（大鼓掌）。這是一枝不折不撓的，名實相符的鋼筆，有了這枝筆存在的地方，便是民主存在的地方，沒有這枝筆的地方，便是法西斯存在的地方。（鼓掌）像德國、日本那樣法西斯國家，它們的筆是沒有了，是變了質，變成了刷把，（鼓掌）替統治者刷漿糊，（鼓掌）刷粉牆，（鼓掌）刷斷頭台，（鼓掌）刷槍筒，（鼓掌）甚至刷馬桶（鼓掌）這樣的刷把遲早

是要和著法西斯一道拿來拋進茅坑裡去的。（鼓掌不息）

我們中國幸而還有是一枝筆，這是你韜奮先生替我們保持了下來，我們應該要永遠的保持下去。在目前反法西斯戰爭接近勝利的時候，筆桿的使用是要愈見代替槍桿的地方了，槍桿只能消滅法西斯的勢力，要筆桿才能消滅法西斯的生命力，鄒韜奮先生！你的一生，用你的血來做了這枝筆的墨，我們要繼續不斷地把我們的血來灌進去！鄒韜奮先生！你的一生把你的腦細胞來做了這枝筆的筆尖，我們要繼續不斷地把我們的腦細胞按上去！（鼓掌）我們要紀念你，韜奮先生！我們就要永遠地保衛這枝筆桿，我們不讓法西斯再有抬頭的一天，不讓人類的文化再有倒流的一天，這也怕就是你通過你的筆所遺留給我們的遺囑。（鼓掌歷久不息）

血歷史110　PC0661

新銳文創
INDEPENDENT & UNIQUE

韜奮和生活書店

原　　著	韜　奮
主　　編	蔡登山
責任編輯	劉亦宸
圖文排版	周妤靜
封面設計	葉力安

出版策劃	新鋭文創
發 行 人	宋政坤
法律顧問	毛國樑　律師
製作發行	秀威資訊科技股份有限公司 114 台北市內湖區瑞光路76巷65號1樓 電話：+886-2-2796-3638　傳真：+886-2-2796-1377 服務信箱：service@showwe.com.tw http://www.showwe.com.tw
郵政劃撥	19563868　戶名：秀威資訊科技股份有限公司
展售門市	國家書店【松江門市】 104 台北市中山區松江路209號1樓 電話：+886-2-2518-0207　傳真：+886-2-2518-0778
網路訂購	秀威網路書店：http://store.showwe.tw 國家網路書店：http://www.govbooks.com.tw

出版日期	2018年2月　BOD一版
定　　價	260元

Printed in Taiwan

國家圖書館出版品預行編目

韜奮和生活書店 / 韜奮原著 ; 蔡登山主編. -- 一版. -- 臺北市 : 新銳文創, 2018.02

面 ;　公分. -- (血歷史 ; 110)

BOD版

ISBN 978-986-95907-6-1(平裝)

1.鄒韜奮 2.傳記

782.886　　107000141

讀者回函卡

感謝您購買本書，為提升服務品質，請填妥以下資料，將讀者回函卡直接寄回或傳真本公司，收到您的寶貴意見後，我們會收藏記錄及檢討，謝謝！如您需要了解本公司最新出版書目、購書優惠或企劃活動，歡迎您上網查詢或下載相關資料：http:// www.showwe.com.tw

您購買的書名：________________________________

出生日期：________年________月________日

學歷：□高中（含）以下　□大專　□研究所（含）以上

職業：□製造業　□金融業　□資訊業　□軍警　□傳播業　□自由業

□服務業　□公務員　□教職　□學生　□家管　□其它_____

購書地點：□網路書店　□實體書店　□書展　□郵購　□贈閱　□其他

您從何得知本書的消息？

□網路書店　□實體書店　□網路搜尋　□電子報　□書訊　□雜誌

□傳播媒體　□親友推薦　□網站推薦　□部落格　□其他__________

您對本書的評價：（請填代號　1.非常滿意　2.滿意　3.尚可　4.再改進）

封面設計____　版面編排____　內容____　文／譯筆____　價格____

讀完書後您覺得：

□很有收穫　□有收穫　□收穫不多　□沒收穫

對我們的建議：________________________________

____

____

____

請貼
郵票

11466
台北市內湖區瑞光路 76 巷 65 號 1 樓
秀威資訊科技股份有限公司 收
BOD 數位出版事業部

....

（請沿線對折寄回，謝謝！）

姓　　名：＿＿＿＿＿＿＿＿＿＿　年齡：＿＿＿＿　性別：□女　□男

郵遞區號：□□□□□

地　　址：＿＿＿＿＿＿＿＿＿＿＿＿＿＿＿＿＿＿＿＿＿＿＿＿

聯絡電話：(日) ＿＿＿＿＿＿＿＿＿＿＿＿ (夜) ＿＿＿＿＿＿＿＿＿＿＿＿

E-mail：＿＿＿＿＿＿＿＿＿＿＿＿＿＿＿＿＿＿＿＿＿＿＿＿＿